JUSTICE

ET

NÉCESSITÉ

D'ASSURER EN FRANCE

UN ÉTAT LÉGAL AUX PROTESTANS.

Tantum relligio potuit suadere malorum
Lucretius

A AUSBOURG.

L'AN DU RAPPEL.

DÉMONSTRATION.

Avantages que la France tireroit de cette Modification.

SI c'eſt une tyrannie que de dépouiller un Citoyen de ſes biens : c'eſt une tyrannie, c'eſt une cruauté bien plus criante de lui ravir ſes opinions ſur un Dieu, qui lui eſt ſouvent plus cher que ſes biens, & que ſa propre conſervation. On s'écartera toujours d'une ſaine politique, quand on prétendra détruire par une Ordonnance, un Arrêt ou Déclaration, les Religions & ſectes adoptées par les citoyens, & quand on permettra que l'une opprime l'autre, & trouble leur tranquillité ; le Gouvernement ſe rend pour lors juge & partie.

L'autorité dégénére encore bien plus en une tyrannie inſenſée, lorſqu'elle veut preſcrire aux hommes ce qu'ils doivent penſer : la puiſſance ſouveraine doit ſeulement diriger les actions extérieures des ſujets, & ne peut jamais, ſans folie, s'arroger le droit abſurde de régler ou de contraindre les mouvemens ſecrets du cerveau de ſes ſujets. Le cœur de l'homme eſt un ſanctuaire inviolable, dans lequel la fureur ſeule peut tenter de pénétrer. Un Souverain ne ſaurait prétendre ſans injuſtice, au droit barbare de porter le trouble dans les conſciences ; & s'il avait de la raiſon & de l'équité, il ſe garderait bien de ſeconder les fureurs des fanatiques & des mercénaires, qui regardent comme indigne de vivre, ou de jouir des avantages de la ſociété, quiconque refuſe de ſe ſoumettre à leurs idées abſtraites, ou à leurs déciſions préſomptueuſes.

Vainement exagéreront-ils les dangèrs de la liberté de penſer; les dépoſitaires de l'autorité doivent ſentir qu'il n'eſt point pour l'Etat de dangers plus réels que de ſemer le trouble, & réduire au déſeſpoir une claſſe de citoyens, pour mettre en vogue des opinions indifférentes, des pratiques arbitraires, des myſtéres impénétrables; puiſque les ſociétés ont été établies pour protéger la liberté, la propriété, la ſûreté de citoyens, & non pour le maintien de la vraie Religion: car dans tous les tems il a exiſté des ſociétés très-bien réglées ſous des Religions différentes entr'elles, & par conſéquent, ſous des Religions fauſſes.

Que de maux n'a pas cauſé à la France le deſir inſenſé de régner ſur les opinions par la force! Nous n'avons qu'à jetter les yeux ſur ce ſiécle entier de combats, de maſſacres & de ſupplices. On eſt ſaiſi d'effroi quand on y voit tous les forfaits canoniſés; la rapine, les meurtres, la licence, l'injuſtice inonder la ſociété, & la porte s'ouvrir à tous les vices, & aux déſordres les plus crians. Les nœuds les plus étroits de l'humanité rompus, la voix de la nature & du ſang étouffée: le mari armé contre ſa femme, le pere contre les enfans, l'ami trempant ſes mains perfides dans le ſang de celui à qui il avait juré un attachement inviolable. De-là, naquit le plus grand éloignement des cœurs, qui ne ſe rapprochérent jamais.

Il n'y a point de Ville en France, dont les habitans ne puiſſent montrer la place où l'on a élevé des bûchers: point de rues, que les deux partis n'ayent inondées de ſang: point de familles, qui n'ait à déplorer les meurtres, les ſupplices ou les crimes de quelqu'un de ſes ancêtres. On a vu le Roi obligé d'accorder dans une ſeule pacification quatre mille Lettres de grace : on a vu dans l'intervalle de vingt ans, deux Rois de France tomber ſous le poignard des fanatiques.

Henri IV fut immolé au milieu d'un peuple qu'il voulait rendre heureux, & dont il ſe préparait à venger les injures : il fut aſſaſſiné après avoir vu lever ſur lui, comme ſur les Proteſtans, le poignard de la Saint-Barthélemy, & après n'avoir évité qu'à peine le ſort de ſoixante mille Français égorgés au nom de Dieu par la main de leurs freres, & par ordre du Roi.

Ces ſcènes affreuſes ne ſe renouvelleront plus, graces aux lumiéres de ce ſiécle, & à la ſageſſe du Gouvernement. La meſure du XVe. ſiécle ne ſaurait plus s'appliquer à la fin du XVIIIe. Le Royaume, les Proteſtans eux-mêmes, tout eſt changé. La France d'aujourd'hui n'eſt plus celle du tems de Henri II, & de Charles IX : les eſprits & les cœurs ſemblent jettés dans de nouveaux moules, & la différence eſt moins ſenſible entre nos habillemens & ceux de nos ancêtres, qu'entre leurs mœurs, & les nôtres.

Les Proteſtans ont tout lieu d'eſpérer ſous Louis XVI un changement de ſort, qu'ils ſouhaitent depuis long-tems.

Il paraît que l'eſprit de patriotiſme, qui préſide dans le conſeil de notre auguſte Monarque, s'étend ſur tout ſon peuple en général, que le malheur des tems ſemblait avoir condamné à un éternel oubli. L'on eſpére que le meilleur des Princes qui nous gouverne, ce véritable Pere reconnaîtra enfin, qu'il y a des Proteſtans dans ſon Royaume, & que cette partie de ſes ſujets mérite d'être conſidérée par le bien que l'on en pourrait tirer en leur accordant ſeulement une exiſtence légale.

Louis XIV a cru pouvoir ſupprimer le Proteſtantiſme en France, & il a cru bien faire. On lui fit entendre que la Religion, & la politique exigeaient également la révocation de l'Edit de Nantes; & on prétendait que le bien de l'Egliſe, auſſi-bien que celui de l'Etat, demandait néceſſairement ce ſanglant ſacrifice. Quoi cependant de moins fondé que ce rigoureux ſyſtême?

Je laiſſe aux Théologiens le ſoin de prouver que la tolérance civile s'accorde non-ſeulement avec les déciſions de l'Ecriture; mais encore avec les ſentimens des Peres. Il me ſuffit d'avoir les Fleuri, & les Fénelons pour garans de cette vérité, & je crois qu'il ne faut pas des lumiéres bien éclatantes, pour concevoir que les devoirs de l'humanité ne peuvent jamais être en contradiction avec ceux du Chriſtianiſme; on ne ſaurait faire un crime à quelqu'un, de ce qu'en matiére de Religion, il ne penſe pas comme nous.

Mais ce que je ne ſaurais comprendre, c'eſt que le miniſtére Français, qui, ſous Louis XIV, a donné tant de preuves de pénétration & de ſageſſe, ait pu ne pas prévoir le tort immenſe, que la ſuppreſſion de la Religion Proteſtante, devait naturellement cauſer à tout le Royaume.

Il ſerait auſſi ſuperflu, que téméraire de ma part, de vouloir examiner les reſſorts cachés d'une révolution qui a été ſi funeſte pour l'Etat; mais qu'il me ſoit permis de communiquer les réflexions que j'ai faites ſur cette matiére, & je me flatte qu'on conviendra avec moi, que notre Monarque Louis XVI ne pourrait pas donner une preuve plus éclatante de ſon amour pour le bien public, & de la tendreſſe de ſon cœur, qu'en tolérant les Proteſtans de ſon Royaume, & en leur rendant une partie de leurs anciens Priviléges.

Pour cet effet, après avoir exposé mes réflexions relatives à la nécessité de révoquer les Loix qui s'opposent au droit naturel de la nation, je répondrai à quelques objections que l'on pourrait faire sur cet objet; j'examinerai ensuite les avantages réels qui résulteraient de la tolérance des Protestans, & j'espére que l'amour du bien public engagera quelque citoyen zèlé à péser mes raisons, à écrire sur cette matiére pour le bonheur de l'Etat, la félicité de la France & la gloire du Monarque.

L'on nous dispensera de nous étendre en raisonnemens pour prouver combien les Loix que nous avons rapportées dans les notes des Anecdotes d'Ambroise Borély offensent à la fois l'humanité & la justice; mais nous examinerons, en peu de mots, si ces Loix sont conformes aux intérêts de la religion & aux vues d'une saine Politique.

L'intérêt de la Religion n'est pas, sans doute, que tous les hommes professent extérieurement la Religion Catholique; mais qu'ils en aient la croyance, & qu'ils en pratiquent la morale : l'intérêt de la Religion, est qu'on ne feigne pas cette croyance. Or, ces Loix doivent-elles produire chez les Protestans, bien des conversions sincéres ? Leur haine contre le Clergé, s'adoucira-t-elle tant qu'ils gémiront sous une oppression, dont ils le regardent comme l'instigateur? Deviendront-ils indifférens pour leur croyance, tant qu'ils souffriront pour elle ? Et ceux que des intérêts temporels engageront à se convertir, ou qui, pour obtenir les droits des citoyens, feront une ou deux fois dans leur vie quelqu'acte extérieur de Catholicité, quelle sera leur Religion de celle qu'ils auront trahie, ou de celle qu'ils haïront comme ayant été contraints à feindre de l'avoir embrassée ? Et quelle sera la Religion des enfans de ces prétendus Catholiques ? Ils n'en auront, sans doute aucune, ni les uns ni les autres. Au lieu d'avoir augmenté le nombre des Catholiques, on aura diminué celui des Chrétiens ; & ils vivront dans une parfaite indifférence pour tous les cultes, en suivant à l'extérieur la Religion, dont la profession sera plus utile à leurs intérêts.

Qu'on y prenne garde : dès qu'une Religion positive s'éteint dans un pays, pour faire place à l'indifférence des Religions, ou à la Religion naturelle trop spéculative & trop vague pour la multitude, puisque chaque homme différe de sentimens & de lumiéres, ce pays marchera à grands pas vers sa décadence. Il n'y a pas de pays en Europe où l'on pense plus librement sur la Religion Chrétienne, qu'en Angleterre, & où on la respecte plus au-dehors ; le culte divin y est exercé avec toutes les marques extérieures de dévotion. Le Dimanche & les Fêtes sont observés avec une rigueur, dont il n'y a point d'exemples ailleurs : tout commerce, tout travail, tout jeu, toute musique interdits dans ces jours consacrés aux exercices religieux.

Mais autant il est nécessaire au bien de l'Etat, de faire régner la solide Piété parmi la Nation, autant est-il fatal à l'Etat de la faire régner avec trop d'empire : les Catholiques qui n'ont que l'ecorce de leur Religion, qui la font consister dans des cérémonies extérieures & de simples simagrées, se laissent trop facilement entraîner par l'enthousiasme, la superstition, le fanatisme, la paresse, l'indolence, le mépris des choses mondaines, si funeste aux progrès des arts, des talens & du commerce. Il n'y a qu'à jetter un coup-d'œil sur la carte de l'Europe, & parcourir tous les pays où la Religion Catholique domine avec trop d'autorité, & où les peuples s'y soumettent avec trop d'aveuglement, on les verra tous sans nerf & sans vigueur.

L'homme d'Etat qui ſait paſſer légérement ſur le frivole, pour méditer ſur ce qui eſt eſſentiel, découvre pluſieurs cauſes de la bonne & de la mauvaiſe fortune de Louis XIV. La Religion ſemble en devenir le premier mobile. Tant que le Roi eut des maîtreſſes & des favoris qui élevaient ſon eſprit à la gloire, & livraient ſon cœur aux plaiſirs, les affaires de la France proſpérérent : Louis ſoutint tous les efforts de l'Europe réunie ; il triompha & fit des conquêtes. Dès qu'une dame, qui ſe peint dans ſes lettres & dans ſes actions comme une Magdeleine pénitente, s'empara du cœur de ce Roi, & le conduiſit par la dévotion à l'amour, & par l'amour à la dévotion, les Confeſſeurs, les Directeurs, les Jéſuites, les Evêques, les Religieuſes, & autres perſonnes appartenantes au Clergé, eurent part aux affaires, occaſionnérent des ſchiſmes, firent des cabales, occupérent le Monarque de ces dangéreuſes miſéres, & détournérent ſon attention des grands objets ſeuls dignes de lui. Les Miniſtres étaient placés & déplacés tour à tour par les intrigues des Prêtres, ou d'après de frivoles ſoupçons ſur la pureté de leur croyance. Des Généraux habiles, mais accuſés de Janſéniſme, ne parvenaient plus au commandement des armées : on le confiait à des Officiers ineptes, mais orthodoxes, les Confeſſeurs faiſaient jouer au Roi un perſonnage faible & ridicule, en l'aſſujettiſſant à toutes ſortes de momeries. Toute la Cour était en priére, tandis que les ennemis Hérétiques étaient en action : les troupes furent partout battues, les villes priſes, les flotes abimées ; la France ſe trouva dans une décadence totale : à meſure que le Roi mitigea ſa dévotion, que le crédit des Prêtres diminua, que les talens politiques & militaires rentrérent dans le droit d'être employés, que la dévotion ſe renferma dans St. Cyr, Dieu bénit les armes de la France, & rétablit ſes affaires.

Je conclus de tout ceci, que plus on persécutera pour la Religion, plus il y aura d'hommes sans Religion. L'observation a confirmé cette vérité générale. Les pays où l'Inquisition est en vigueur, sont remplis d'Athées; on voit des Déistes en grand nombre dans les Etats où les Non-conformistes sont traités avec sévérité : dans les païs de tolérance, il n'y a que des Chrétiens.

Des instructions solides, mais faites avec modération, & auxquelles même on soit libre encore de se refuser; l'exemple de la vertu dans les Prêtres Catholiques, une égale distribution de leurs aumônes & de leurs soins entre les infortunés des deux Religions. Tels sont les moyens d'opérer de véritables conversions; & c'est ainsi qu'en ont opéré, dans leurs Diocèses, les Prélats éclairés & pieux, dont s'honore l'Eglise Gallicane.

Quels Protestans du Diocèse de Nîmes oseraient dire encore que la Religion est superstitieuse & cruelle ? Ils ne regardent plus comme l'ouvrage de la Religion, les Loix qui les oppriment depuis qu'ils ont vu le Pontife de cette Religion opposer à la rigueur des Loix, l'autorité de sa place & de ses vertus; ils ont cessé d'haïr une Foi, dont ils ne reçoivent que des bienfaits & de bons exemples.

Voilà un Pere de l'Eglise qui n'aura pas besoin de cent mille écus pour se faire canoniser dans l'esprit des sages.

Mais quoi de plus rare, qu'un zèle éclairé ? Et quoi de plus dangéreux quand il ne l'est pas ?

Ie. OBJECTION.

Qu'un esprit borné vienne s'échauffer sur ce que deux Religions ne peuvent subsister dans un état monarchique qui ne doit souffrir qu'un Roi, qu'une

Loi, & par conséquent une Foi. Qu'il étale son éloquence sur ce que le passé peut être un miroir de l'avenir, qu'il expose le prétendu génie turbulent de cette secte, qu'il allègue les ruisseaux de sang qu'elle a fait couler & les tragiques événemens dont nos Peres ont été témoins, & dont les enfans eussent été les victimes ; si la sagesse de Louis XIV n'eût prévenu les maux en coupant l'arbre par le pied, si cet-arbre est replanté aujourd'hui l'on doit en attendre des fruits funestes : l'on m'opposera également tout ce qu'ont dit les plus fameux politiques, tels que le Chancelier Bacon, le Marquis de l'Hopital, d'Orat, le Cardinal de Richelieu, & tant d'autres que les troubles qui naissent dans la Religion, ne peuvent manquer d'en exciter dans un Royaume, & qu'il ne s'élève jamais d'orage sur le Sanctuaire, que tout le corps de l'Etat en soit ebranlé ; que la paix de la France est tellement liée à celle de l'Eglise, que les moindres atteintes données à celle-ci, portent sur l'autre un coup capable de retentir jusqu'aux extrémités de la Monarchie. Que si les Protestans étaient rétablis, la Déclaration donnée à cet effet occasionnerait le jour même une grande fermentation dans les esprits ; bientôt toutes les cloches du Sanctuaire sonneraient l'allarme : en moins de trois mois nous verrions paraître mille brochures contre l'idole de Dagon placé devant l'arche. Que l'*omnis homo miles*, rétentirait dans la Capitale, dans les Provinces : que du camp d'Israël partirait une grêle de traits sur celui des Philistins ; que dès la premiére année toutes les consciences du Royaume prendraient feu, & chacun se flattant d'avoir dans son parti la vraie lumiére, serait jaloux d'en vanter l'éclat, & prompt à condamner quiconque en suivrait une autre.

Voilà des conséquences capables d'effrayer tous

ceux qui ne voient pas avec des yeux d'une saine politique applicable aux circonstances de nos jours. Mais pour y répondre avec ordre, je commencerai par la premiére partie de l'Objection, où l'on prétend que deux Religions ne peuvent subsister dans un gouvernement Monarchique. Supposons d'abord que ce principe soit vrai, & qu'il soit plus fondé qu'il ne l'est en effet; on conviendra du moins que pour s'y conformer, il faudrait prévoir une espèce de probabilité pour le mettre en exécution, & choisir ensuite les moyens les plus convenables.

On a cru que les persécutions, les peines infâmantes, & afflictives dompteraient les esprits, & les feraient rentrer dans le devoir; depuis plus de deux siécles on a constamment mis en usage ce remède funeste.

Que n'a-t-on pas fait pour empêcher l'établissement de la prétendue-réforme en France. Rappellerai-je ici le souvenir de ces fleuves de sang, de ces cruautés exercées sur un nombre infini de malheureux, immolés à la fureur du fanatisme, & au zèle emporté d'un Clergé mal éclairé, de cette journée de la Saint-Barthélemi: enfin, dont l'idée seule fait frémir la nature, & tant d'autres excès, dont les annales de ces tems font mention, & dont le Président de Thou lui-même n'a pu s'empêcher de dire.

Excidat illa dies ævo, nec postera credant sæcula!

Je voudrais ainsi que lui, pouvoir les effacer pour toujours. Tirons seulement cette conséquence, qui en résulte naturellement, que la persécution qu'on a fait éprouver aux Protestans, bien loin d'en diminuer le nombre, n'a fait qu'augmenter, & qu'après avoir privé le Royaume d'un grand nombre de Citoyens, aprés s'être baigné dans leur sang, on a toujours senti qu'il était impossible de les extirper

entiérement

entiérement, & on a fini par leur rendre leur ancienne liberté.

Ces événemens loin de m'étonner ne présentent à mon esprit rien que de très-ordinaire, & de très-naturel. Quiconque a étudié le cœur de l'homme, saura que la violence & la force n'ont jamais été capables de le convaincre : que les vérités les plus claires, & les démonstrations les plus solides perdent tout leur mérite, si celui qui veut persuader, ne trouve préalablement le secret de gagner la confiance de ceux qu'il doit instruire, & que les Religions les plus absurdes, & les superstitions les plus grossiéres ont leurs martyrs, lorsque ceux qui sont établis pour les combattre veulent dominer sur les esprits au lieu de les éclairer.

Combien d'exemples ne pourrais-je pas apporter en confirmant cette vérité ? Quoi de plus facile dans les commencemens que de ramener Arius, ce fameux héréfiarque du IVe siécle, si l'Eglise d'Alexandrie au lieu des anathêmes, & des bannissemens n'avait employé d'abord que la douceur & la charité ? Quoi de plus funeste que les progrès de cette même hérésie, parce qu'on employa le bras séculier pour chasser ceux qui la professaient ? En 319 Arius était seul, en 356 ses Sectateurs innondaient toute la Chrétienté. S. Hilaire dans les Gaules, S. Athanase dans l'Orient, & avec eux presque tous les Evêques Orthodoxes furent chassés de leurs siéges, & Libére même eut la faiblesse de signer, pour revenir de son exil, les actes du Concile de Rimini.

Dans les siécles suivans, combien de fois cette vérité ne s'est-elle pas confirmée ? Et dans la prétendue-réforme même, combien ne trouverons-nous pas de preuve pour nous convaincre qu'il ne tenait qu'à la Cour de Rome d'arrêter dans leur première source, les mouvemens de Luther & de Zuingle, si l'Eglise au lieu d'armer contre ses enfans rebelles un bras vengeur, leur avait tendu une main compatissante, & paternelle ?

Mais au lieu de persuader, on a cru devoir punir les démarches audacieuses d'un foible moine; on a foudroyé ceux qui avaient embrassé sa défense: les esprits se sont aigris, la guerre s'est déclarée, & le mal est devenu sans remède.

Enfin, sans chercher des exemples étrangers & trop éloignés de nos tems, je demande seulement, si depuis la fameuse révocation de 1685, le nombre des Protestans a diminué en France ? On en a fait périr par les massacres & les supplices, plus de cent mille dans le Languedoc seul & dans les Cévennes: on en a mis à mort pour le moins autant dans le reste du Royaume, il en est sorti de France infiniment davantage. Et malgré toutes ces pertes les Religionnaires sont encore aussi nombreux qu'ils étaient avant la révocation de l'Edit de Nantes. Ce fait si bien connu du Ministére, & que je pourrais démontrer s'il le fallait, nous prouve mieux que tous les raisonnemens du monde, que les voies de rigueur, les persécutions & les peines afflictives n'empêcheront jamais les Protestans de demeurer fermes dans leurs sentimens; que les maux mêmes qu'on leur fait éprouver ne feront que les roidir contre les persécutions; qu'on perdra toujours un nombre prodigieux de sujets utiles à l'Etat; qu'on fournira à nos ennemis de nouvelles forces pour nous braver; & qu'ainsi loin de s'approcher du but qu'on s'était proposé, on s'en éloignera toujours de plus en plus.

Que la clémence au contraire succède à la rigueur; qu'un Prince né pour le bonheur de ses Peuples, n'écoute que la tendresse de son cœur; que d'un côté l'on adoucisse les Loix sévéres portées contr'eux;

qu'on leur donne la douce satisfaction de pouvoir être légitimement peres & époux, & que de l'autre des Pasteurs respectables redoublent de zèle pour instruire les ignorans, pour ramener les brebis égarées, & pour les édifier par une conduite conforme à celle du Maître charitable, dont ils sont les Ministres, & nous verrons bientôt les choses changer de face. Si l'humanité souffre dans les persécutions; si ceux qui en sont la victime conçoivent naturellement de l'aversion pour les auteurs de leurs maux, & s'il est avéré qu'on ne sçaurait jamais avoir de la confiance en ceux que l'on regarde comme ses ennemis; il est incontestable aussi, qu'en voyant révoquer les Edits & cesser leurs craintes & leurs calamités, les Protestans écouteront plus facilement les instructions qu'on voudra leur donner, & que les démonstrations d'un docteur éclairé, trouveront alors auprès d'eux un accès bien plus facile. Privés d'ailleurs des honneurs, exclus des charges & des dignités; réduits à la simple condition de citoyens, leur industrie redoublera, ils s'enrichiront par leur travail & par leur commerce; l'aisance qu'il se procureront les excitera à desirer les récompenses & les distinctions que le Gouvernement accorde aux autres sujets & dont ils sont privés par état; ils ouvriront les yeux, ils recevront l'instruction, la clemence, la douceur. Les récompenses feront rentrer dans le sein de l'Eglise, ceux que les persécutions en auraient éloignés pour jamais. En un mot, le zèle en matiére de Religion augmente toujours en raison des difficultés qu'on trouve à vaincre. Otez au peuple la possibilité de devenir martyr, & vous diminuerez l'ardeur & le nombre des Confesseurs, l'indifférence s'emparera des esprits, les préjugés tomberont successivement, & la vérité se frayera le chemin du cœur.

Les Ministres Protestans perdront tout leur crédit, dès l'instant où ils ne pourront plus être regardés comme des hommes qui s'exposent au martyre. Les principes mêmes de la Religion protestante, qui donnent à la Religion de chaque homme le droit de déterminer le sens des écritures, doivent détruire à la longue l'autorité des Ministres dans tous les pays où la religion réformée subsiste librement. Les Ministres de Hollande ont cessé d'y troubler la tranquillité publique, du moment où les Hollandois ont cessé de craindre les armes d'Espagne & celles de Louis XIV.

Les états de l'Amérique Septentrionale, où la liberté de conscience est généralement établie, ont exclu leurs Ministres de toute fonction publique, & même du droit d'entrer dans les assemblées nationales. Déja même parmi les Protestans Français, tout ce qui n'est pas peuple fait mettre à leur véritable place ces Ministres, qui viennent recueillir des aumônes au péril de leur vie, ils cherchent à les mettre en sûreté ; leur donnent des secours & ne les écoutent pas. Si ces Ministres n'étaient plus persécutés, ils ne pourraient même plus espérer d'aumônes, & on ne les verrait plus reparaître.

Une partie du Clergé de France (a) est convaincue de ces vérités : cette partie du Clergé se joindrait au reste de la nation, pour obtenir des Loix

---

(a) Plusieurs Evêques qui édifient l'Eglise par leurs zèle & par leurs vertus, sont issus de familles Protestantes. Ils ne croient certainement pas qu'un homme, dont tout le crime est de penser comme leur grand pere, mérite d'être traité comme un scélérat : ils ne défendront pas des Loix en vertu desquelles leur grand pere eût pu être envoyé aux galéres, sur la délation d'un Missionnaire Jésuite. Ils ne trahiront pas, pour flatter les passions des ex-Jésuites, le sang de leurs ancêtres massacrés par les Pénitens des Jésuites.

plus humaines en faveur des Proteſtans. Ces hommes vraiment dignes d'être les Miniſtres d'un Dieu de paix, croiraient par-là ſervir également & la Religion & l'humanité; nom ſacré que la vraie piété unit toujours, & que le fanatiſme & l'hypocriſie tentent envain de ſéparer, ils ſavent que pour réunir les hommes diviſés par leurs opinions, il faut commencer par anéantir entr'eux toute différence; que les opinions s'affaibliſſent lorſque les paſſions ne les ſoutiennent plus, & qu'on n'eſt pas loin d'adopter la vérité, lorſqu'on eſtime & qu'on aime ceux qui l'annoncent; ils ſavent que l'eſp it de domination, de ſuperſtition, d'intolérence a tribué par les Proteſtans au Clergé de l'Egliſe Romaine, eſt la principale cauſe de leur éloignement pour la Religion, & cette cauſe, ils ſont prêts à l'anéantir par la ſageſſe & l'humanité de leur conduite : ils connaiſſent d'ailleurs l'injuſtice, l'inconſéquence & le danger des Loix, qui ſoumettent à des peines, ceux dont la Religion eſt différente du culte national.

En réfutant cette premiére Objection, j'ai dit d'abord que je ſuppoſais que le principe ſur lequel elle eſt fondée fût véritable, & dans cette ſuppoſition j'ai répondu aux conſéquences qu'on en veut tirer.

Qu'on me permette maintenant d'attaquer ce principe même, & de prouver que rien n'eſt ſi faux que cette propoſition, par laquelle on avance que dans l'état monarchique il ne doit y avoir qu'une même Religion. Le principe ferait fondé, s'il était queſtion de tolérer une Religion, dont les maximes fuſſent dangéreuſes & contraires aux devoirs des ſujets envers le ſouverain, qui diſpenſât ces mêmes ſujets du ſerment de fidélité qu'ils doivent à leur maître; ou qui enſeignât une morale relâchée & corrompue; Mais dès que les différentes Religions ont les mêmes principes à l'égard de tous ces devoirs, dès qu'elles exigent également une fidélité à toute épreuve pour le souverain, qu'elle engage les sujets à lui demeurer attachés lors même qu'il est d'une communion différente de la leur : que leur morale ne renferme que les mêmes maximes, & ne prescrit que la pratique des mêmes vertus ; je ne vois pas de raisons pour se refuser à la tolérance de l'une & de l'autre dans un état monarchique, quoiqu'elles différent entr'elles sur quelques articles de foi.

Le Catholique à Berlin sera-t-il moins bon sujet que le Calviniste, parce qu'il croit à la transubstantiation, & que l'autre n'y croit pas ? Les Hongrois Protestans sont-ils moins attachés à leur Souverain, & ont-ils moins de valeur & de bravoure que les Catholiques ; quoique les premiers ne reconnaissent pas le Pape pour chef de leur Eglise ? Je veux qu'un zèle indiscret souffle quelquefois le feu de la discorde entre les deux partis ; mais alors une Ordonnance, une Déclaration du Souverain ne peut-elle pas y remédier promptement, en punissant les premiers auteurs de ces troubles ? Sera-t-il nécessaire de dépeupler l'état, pour en mettre les habitans d'accord ?

Mais quand même on voudrait prendre une résolution si violente, du moins faudrait-il auparavant s'assurer de la certitude du succès.

J'ai prouvé qu'il est impossible de déraciner entiérement le Protestantisme en France : j'ai même démontré que malgré les émigrations & les persécutions les plus violentes & les plus longues, les Protestans sont aujourd'hui aussi forts en nombre qu'ils étaient en 1685 ; mais quand on parviendrait enfin à les extirper entiérement, ce qui ne paraît pas possible, ne resterait-il pas une seconde hydre à combattre ? Les zélateurs n'indiqueront-ils pas le même expédient pour se défaire des sectaires, qui pourraient naître de la cendre des Protestans ? Et ne serait-on pas réduit ainsi, vu la diversité des génies des humains, à immoler tous les sujets les uns après les autres, plutôt que de les voir tous d'un même sentiment ? Concluons de-là qu'en ne voulant souffrir qu'une seule Religion dans un Royaume, on veut en former une république de Platon, & c'est entreprendre l'impossible, c'est se donner des peines superflues ; puisque l'expérience nous prouve que la diversité des Religions peut très-bien subsister dans un état Monarchique.

En effet, quoi de plus absolu, de plus tranquille, de plus réglé que le Gouvernement de Prusse ? Les adhérans des trois Religions, qui sont la Catholique, la Luthérienne & la Calviniste, sans parler des Juifs qui y sont en très-grand nombre y vivent pourtant en paix, & ils y jouissent d'une liberté de conscience complette : les états de l'Empereur, loin de souffrir de la tolérance, n'ont jamais été si puissans qu'ils le sont, depuis que ce prince à l'exemple de l'Impératrice sa mere, à fermé la bouche aux persécuteurs. Jamais le moindre trouble ne s'est élevé au sujet de la Religion dans le vaste empire de Russie ; quoique les Religions Catholique & Protestante y soient tolérées publiquement. Les Mahométans mêmes ne se sont jamais apperçus que leur tolérance pour les différentes Sectes Chrétiennes ait porté la moindre atteinte à la tranquillité dont ils jouissent, ou à leur autorité despotique.

Phénomène bien étrange ! C'est un pays despotique qui nous fournit l'exemple le plus parfait de la tolérance religieuse. L'Empire Chinois gouverné par des sages, à qui la morale tient lieu de Religion, permet aux peuples toujours enfans, toujours avides du merveilleux, de suivre en liberté la secte qu'ils préférent. Si dans les derniers tems le gouvernement a donné l'exclusion à la Religion Européenne : l'intolérance des Catholiques, l'indépendance où veulent être ses Ministres de la puissance temporelle, enfin le tort que le célibat fait à la population, ont été les motifs qui déterminèrent les Empereurs Chinois à la bannir de leurs états.

Les troubles ne se sont élevés, le sang n'a coulé que dans les Empires où le zèle des persécuteurs a voulu passer les bornes de la puissance spirituelle. Après avoir reconnu l'inutilité des voies de rigueur, après en avoir mille & mille fois éprouvé les funestes effets, persisterons nous encore à être les victimes de nos préjugés ?

Passons à présent à l'autre partie de l'objection. Je demanderai en premier lieu : quelle relation peut-il y avoir entre une Déclaration, qui règle des droits purement civils & les dogmes Catholiques, ainsi que les erreurs des réformés ? Comment des mariages très-réels, qui ne passeroient plus pour un concubinage honteux, ou des successions qui seroient transmises à des légitimes héritiers pourraient-ils donner lieu aux Protestans d'écrire de nouvelles apologies de leur dogme & aux Catholiques de venger les leurs ?

Que l'on connaît bien peu les réformés d'aujourd'hui, si on leur suppose le moindre empressement à faire des prosélites ! Redevenus Français par leur aggrégation au corps de l'état, je réponds qu'ils ne penseraient qu'à vivre en paix avec tout le monde. Peut-on même penser, sans rire, que de bons négocians peu attachés la plupart à leur croyance, voulussent dogmatiser au risque de perdre ce qu'ils ont de plus cher ? C'est une justice que nous devons à l'Eglise Catholique, c'est qu'elle seule met au nombres de ses devoirs, celui de convertir les pécheurs, & de rappeller ceux qui s'égarent : comme la succesſion des Apôtres eſt ſon appanage, à elle ſeule appartient le zèle de l'apoſtolat. Dans les ſectes étrangéres on peut bien ſe croire en poſſeſſion de la vérité; mais on ſe ſoucie peu de faire pour elle des conquêtes, fort indifférentes pour le ſalut de leurs adverſaires, elles mettent preſque au nombre des titres odieux celui de convertiſſeur. La tolérance qu'ils deſirent, ils l'accordent aux autres ſans peine. Qu'on leur procure la validité de leurs mariage, l'autorité paternelle, & qu'on leur laiſſe les triſtes lambeaux de leur ſymbole de Dordrecht: contens de la paix intérieure de leurs conſciences, ils ſe garderont bien de troubler celle qui les unirait au dehors avec les citoyens: d'autant plus que l'une eſt tout à la fois le germe & le fruit de l'autre.

De plus, croit-on aujourd'hui le parti Proteſtant fécond en écrivains bien redoutables? La plupart Artiſtes, Banquiers, Commerçans, plus jaloux de tenir leurs livres en règle, que compoſer des volumes, ils n'entrent dans leurs cabinets que pour viſiter les calcus de leurs comptoirs & ſupputer les pertes ou les gains de la ſemaine: quand on a vingt lettres de change à acquitter, on ne penſe guére à enfanter des livres. Ce n'eſt pas que ces Meſſieurs manquent d'eſprit, de talens, de connaiſſance; mais le genre polémique demande autre choſe: il faut joindre à l'étude de l'antiquité, l'habitude d'écrire, & l'exercice du ſillogiſme à des méditations métaphyſiques, qui, pour être ſoutenues, demandent le repos du célibat: or, nos Religionnaires ſous le joug de l'hymen, & dans des détails de ménage ſe trouveroient eux-mêmes étrangement étonnés de ſe voir avec la lance de S. Auguſtin, ou ſous l'armure de S. Thomas.

Je ſais fort bien que leurs Miniſtres dans le dernier ſiécle, ont prouvé que leur glaive théologique n'était pas émoussé ; mais je sais aussi que les tems ont changé ; je sais aussi que leur mauvaise cause avait autrefois d'assez bons Avocats ; mais aujourd'hui ils n'ont pour armes que les débris des anciens, & ayant perdu l'habitude de les manier, oseraient-ils se hazarder dans une lice, où la honte est la compagne inséparable de l'inexpérience ? Mais je veux même que la démangeaison d'écrire les aiguillonne, & que leurs Ministres aient l'imprudence de nous attaquer. Eh bien, notre Eglise Gallicane ne serait-elles pas en état de se défendre ? N'avons nous pas des Evêques, des Docteurs, des Ecclésiastiques pleins de lumiéres & d'érudition ? Familiers avec l'écriture & les Peres, tous Athlètes intrépides d'autant plus sûrs de vaincre, qu'ils combattraient sous le bouclier de la vérité ? Et quoique notre Clergé n'ait pas besoin de troupes auxiliaires, ne verrait-on pas partir du fond des cloîtres mille écrits lumineux, qui non seulement feraient repentir ses aggresseurs de leur témérité ; mais peut être leur ouvriraient les yeux sur leurs propres ténèbres ? Que sais-je même ; si dans le corps des Avocats si distingué par l'éclat des talens & l'amour de la vérité, on ne verrait pas paraître de nouveaux Eusèbes assez courageux pour dire hautement anathême à Nestorius ; & qui, sans négliger les intérêts de leurs cliens, signaleraient leur attachement pour la Religion, par les coups qu'ils porteraient à ses adversaires.

Un gouvernement sage ne doit pas craindre sur des probabilités des inconvéniens qui pourraient arriver. C'est manquer son but que d'aller au-dessus, & trop de précaution est une faute capitale en fait de politique, comme trop peu : c'est au vrai qu'il faut aller sans se laisser effaroucher par des inconvéniens invraisemblables. Leur probabilité même ne mérite souvent de la part d'un homme d'état, qu'un regard de mépris. L'administration est comme le métier d'un Tisserand, que quelques fils viennent à se rompre, l'ouvrage n'en va pas moins son train. Un Souverain dans sa marche ne doit pas être plus arrêté par les clameurs de la controverse, que le soleil ne l'est dans la sienne par les croassemens de quelques grenouilles. Je sais bien que le monde moral a beaucoup d'influence sur le physique, & qu'un seul cri parti du Sanctuaire peut mettre cent mille bras en mouvement ; mais ce cri a toujours des avant-coureurs qui n'échappent pas à l'attention du ministére. Au surplus, comptera-t-on pour rien la vigilance des Parlemens ? Ne connaît-on pas leur prudente activité pour le repos de l'état ? Attentifs sur les moindres étincelles, comment ne le seraient-ils pas sur le foyer qui pourrait les produire ?

L'on me dira que l'œil du Magistrat ne glisse que sur des surfaces, que les souterrains sont pour eux impénétrables, que les presses clandestines se dérobant aux regards de la police, peuvent impunément jetter dans le public une foule de ces libelles, dont le fiel peut aigrir les esprits, & le poison infecter le cœur.

Mais sera-ce toujours des traits de plume qui nous feront trembler ? Pour moi je ne crains que les canons & les bayonnettes ; cinquante bataillons me paraissent plus dignes d'attention que des milliers d'écrivains, dont les feuilles ne faisant que passer des mains du Colporteur dans la poussiére d'une bibliothèque, feraient plutôt un aliment pour la curiosité, qu'aux yeux du politique ue objet allarmant. Le ministére verra toujours d'un œil fort tranquille les nuages de l'école produire quelques éclairs, & se résoudre enfin en une pluie légére, qui du moins ne fera de mal à personne, & qui au contraire pourrait faire beaucoup de bien. Car enfin, où serait-il le grand malheur pour l'Etat, si la carriére de la controverse étant ouverte on voyait jaillir du conflit des intelligences belligérantes, de ces étincelles heureuses, qui sans mettre le feu nulle part, répandraient par-tout lumiére & chaleur ? Où serait le mal que l'émulation tirât de leur assoupissement mille esprits désœuvrés qui languissent dans l'inaction, & qui n'attendent que le moment de la sève pour produire d'excellens fruits ? Où serait le malheur de former dans la Sorbonne même, une Sorbonne nouvelle, qui, au lieu de se nourrir de tracasseries stériles sur des opinions du moins problématiques, tournerait ses batteries contre des héréfies nouvelles, dont la ruine lui ferait cent fois plus d'honneur que ses sermens si ridicules contre les Baïus & les Arnauld ?

Ainsi, de cette fermentation que l'on craint tant, il n'en résulterait que des avantages, puisqu'on substituerait par-là des études solides à des chicanes infructueuses, des antagonistes réels à de vains phantômes, des victoires presque assurées pour l'Eglise à des dissensions scandaleuses qui la déchirent. Et si la liberté d'écrire dégénére en licence, le ministére toujours supérieur au tourbillon des disputes théologiques, n'a-t-il pas mille moyens pour faire rentrer dans leur petite sphére ceux des Sectaires, ou des Catholiques qui s'aviseraient d'en sortir avec indécence ? D'ailleurs je disserte ici fort inutilement : car je le répète, sur quel fondement imaginer, que parce que les Protestans seraient réhabilités dans quelques droits civils, la manie leur viendrait aussi-tôt de réveiller les querelles théologiques ? N'est-il pas absurde de penser, que traités avec plus de ménagement comme citoyens, ils voudraient d'abord troubler l'Etat comme controversistes ?

Cette antipathie naturelle qui règne entre les Catholiques & les Protestans, est moins dans le fait que dans l'imagination. La philosophie, dont les progrès sont si sensibles, (je parle de la philosophie que le bon sens dirige & que la piété consacre;) ne fait elle pas entendre à nos Français d'aujourd'hui, que les droits de l'humanité sont respectables, même dans les Cannibales? Pourquoi donc s'imaginer qu'une Déclaration favorable aux Protestans, sur des points que le droit autorise, effaroucherait une nation, qui dans ses mœurs, son affabilité, sa politesse, ses vertus sociales, présente à toute l'Europe le tableau le plus attrayant pour l'humanité?

Quant à l'opposition du Clergé, dont le premier ordre est si zèlé pour le salut des ames, & le second si délicat sur l'article de religion, l'on me permettra que je fasse ici deux réflexions. La premiére, c'est que cette affaire ne regarde pas le Clergé: il est vrai que l'hérésie attaque l'Église; mais l'hérétique appartient à l'Etat. L'habitude où l'on est de confondre le faux dogme avec son sectateur, fait qu'on les jette ensemble dans la même fournaise, & que l'horreur qu'on a pour l'un, inspire ordinairement pour l'autre; sinon une aversion réelle, du moins un véritable éloignement. Mais c'est une injustice ridicule de ne pas mettre de différence entre l'erreur, dont l'intolérance est légitime, & l'errant, dont la tolérance est de droit. Pourquoi donc deux objets si faciles à distinguer, dont l'un est tout spirituel & l'autre purement temporel, formeraient-ils une division entre le Sacerdoce & l'Empire, dont les districts sont tracés si distinctement? Que les Prêtres s'élèvent contre les hérésies & signalent leur zèle en les combattant, c'est leur devoir; mais les corps des hérétiques ne sont que sous la main du Souverain, seul maître de régler leur destinée. Ainsi, n'en déplaise au premiére ordre du Royaume, & sans manquer aux grands égards qu'il mérite, il sera toujours vrai de dire que l'aggrégation au corps civil, ou l'exclusion de son sein, n'est pas du tout de la compétence des Tribunaux Ecclésiastiques. Il n'appartient qu'au sceptre d'Assuérus d'admettre au pied de son trône, ou d'en écarter ceux qu'il juge dignes ou indignes de vivre sous ses loix. Si nous vivions sous un Gouvernement théocratique, on n'aurait sans doute qu'à interroger l'Ephod, sa décision ferait règle : on chasserait tous les Egyptiens, & les Gabaonites seraient mis à l'écart. Mais Dieu, quoique seul maître absolu des Empires, ne les gouverne pas immédiatement : c'est à la prudence des Princes revêtus de son pouvoir qu'il en abandonne la conduite : l'Eglise elle-même se fait un devoir d'en respecter les loix. Je sais que les Princes à leur tour s'en font un de respecter celles de l'Eglise, dont le Gouvernement peut être regardé comme vraiment théocratique ; puisqu'elle est sous la motion immédiate de l'esprit divin, qui veille sur sa destinée, dicte ses oracles, régit ses assemblées & préside à ses opérations ; mais je ne conclus pas de-là, que quand tous les Evêques d'un Royaume s'accorderaient pour s'opposer à l'introduction d'un peuple hérétique au milieu des enfans de l'Eglise, que ce soit la voix de Dieu qui se fasse entendre, & que toutes les raisons d'état imaginables ne puissent pas balancer en cette occasion l'humanité des Pasteurs. Je ne saurois d'ailleurs me persuader qu'il y ait des Evêques qui puissent avoir une telle pensée : car leur concert unanime ne s'étend que sur un point de doctrine mûrement discuté, éclairci solidement & canoniquement décidé ; mais l'existence légale de quelque hérétique que ce soit, a-t-elle jamais été l'objet d'un jugement doctrinal ? Où sont les Conciles qui décident, que les Luthériens & les Calvinistes ne peuvent être admis sans prévarication dans un Royaume Catholique, pour y jouir des droits de citoyens ? Et même quand, dans une assemblée d'Evêques, l'un d'entr'eux s'aviseroit de proposer comme un problême, si le Prince a le droit de procurer un état civil aux Protestans, quel cri s'éleverait de toutes parts contre la témérité d'une question si manifestement injurieuse à l'autorité Royale ; mais je veux qu'ils soient d'accord pour décider autrement, à quoi reconnoîtra-t-on la voix de Dieu dans une pareille décision ? On confond souvent l'Eglise Catholique avec l'Eglise Gallicane : l'une est bien sous la motion de l'Esprit-saint qui la rend infaillible ; mais où sont les promesses de l'infallibilité de l'autre ? S'il était question ici de mettre en vigueur, ou les fausses décrétales, ou la pragmatique sanction, pourquoi faire emporter la balance les unes sur les autres ?

Un ministére éclairé doit se mocquer de ces *idées bourgeoises*, que de fausses préventions entretiennent. D'abord connaissons-nous la disposition des esprits du Clergé, pour assurer une réclamation universelle de sa part.

Mais je me garderais bien d'avoir de notre Clergé une si mauvaise opinion, je me garderais bien de lui prêter des dispositions qui lui sont injurieuses. Dans cette hypothèse je donnerais nos Religieux & nos Prêtres, ou pour des barbares qui ne connaissent pas les droits de l'humanité, ou pour des tyrans, qui prétendent dominer sur toutes les consciences. Qu'on rapporte au milieu de nous une peuplade d'Hottentois ou d'Illinois, le Clergé s'opposera-t-il à ce qu'on leur accorde des lettres de naturalité ? Pourquoi donc voudrait-il qu'on les refusât, je ne dis pas seulement à des hommes, qui, nés sous les Loix de notre Monarque, ont droit à l'air natal qu'ils respirent ; mais à des Chrétiens qui font profession de croire le même Evangile que nous, à qui nous sommes redevables des plus excellentes apologies du Christianisme; défenseurs aussi zèlés que les Catholiques de la divinité de Jesus-Christ; je dis plus, qui dans leurs écarts mêmes méritent notre indulgence, puisqu'ils croient ne devoir obéir qu'à Dieu, ne desirer que leur salut, ne craindre que de blesser leurs consciences? Assûrement, si le Clergé de France s'obstinait à demander qu'on chassât du Royaume, ou qu'on y tint dans une espèce de néant des hommes précieux à tous égards, que faudrait-il penser d'une nation, dont le Clergé donnerait de tels exemples?

Si le ministère ne se laisse pas fléchir à accorder aux Protestans Français le droit si juste d'être considérés comme Français, on entretiendrait par-là une ridicule différence entre les sujets & les citoyens; par-là on priverait le Royaume d'une multitude d'habitans qui lui seraient très-utiles: par-là on multiplierait au milieu de nous les contraventions à des Loix existentes, qu'il serait plus sage de révoquer, que de les laisser ou cruellement exécuter, ou violer impunément: par-là on perpétuerait un manège indigne de dissimulation & d'artifices d'un côté, d'hypocrisie & de sacriléges de l'autre: par-là on continuerait un trafic honteux de billets de Confession. La profanation de trois Sacremens, la Pénitence, l'Eucharistie & le mariage: par-là l'odieux des persécutions subsisterait & retomberait sur le Clergé. Ainsi en laissant les Protestans *in statu quo* les Evêques vont directement contre les vues d'une saine politique & de l'Evangile même; & l'intérêt de leur conscience doit leur faire desirer un changement à cet égard. De quel poids ne doivent-elles pas être chargées devant Dieu, par cette masse énorme de sacriléges & d'impostures, qui accompagnent les fausses conversions dans leurs diocèses? Pouvons-nous douter que nos Evêques, qui croient la pré-

sence

ſence réelle & le mariage un Sacrement, ne ſoient plus coupables que les Proteſtans qui ne croient ni l'un ni l'autre ? On a beau dire que c'eſt la faute des ſeuls hypocrites s'ils en impoſent ; la certitude où l'on eſt que ce n'eſt que grimaces, que ſingeries de leur part, certitude confirmée par une expérience journaliére, permet-elle de regarder comme innocens ceux qui pouſſent dans nos Sanctuaires tant de profanateurs qui ſont les premiers à s'en plaindre ? Et quel tiſſu d'horreurs ne réſulte-t-il pas de cette eſpèce de Comédie, que le Clergé joue avec les Proteſtans ? l'aviliſſement du Sacerdoce, un grand mépris pour les Evêques & les Religieux, des doutes funeſtes ſur la ſainteté de nos Myſtéres, des railleries perpétuelles ſur le deſpotiſme des Prêtres, un vernis de ridicule jetté ſur les droits de la conſcience, l'extinction de la foi, la décadence des mœurs, une indifférence générale pour la Religion : voilà le fruit de ces ſcènes ſcandaleuſes que donnent les Proteſtans & les Prêtres : les uns en ſacrifiant leur conſcience à leur cupidité, & les autres en ſe mettant dans l'alternative du crime ou du malheur.

Je ſais bien que que tout vrai Catholique ſerait bon Français ; mais eſt-il néceſſaire pour être Français d'être bon Catholique ? combien de Deïſtes dans le Royaume, de Pirrhoniens, de Matérialiſtes qui n'ont pas même les dehors du Chriſtianiſme & qui jouiſſent de tous les droits de citoyens, & dont les mariages ſont regardés comme légitimes, quoiqu'ils en profanent le Sacrement, les Evêques ſeraient-ils bien venus à demander qu'on privât de leur état tous les Mécréans qui n'étant pas même Chrétiens, ſont plus éloignés de la catholicité que les Sectaires, & dont par conſéquent le retour dans la bonne voie eſt moins à eſpérer que celui des Proteſtans à l'unité ? Rien n'eſt plus préjudiciable à l'Egliſe, que d'attacher à sa livrée des avantages temporels. Par-là on fait de l'hypocrisie, le chemin de la fortune; & de la profanation de nos Mystéres, un appas pour la cupidité.

Mais laissons pour un moment les intérêts de la Religion à part, & raisonnons là-dessus en politiques. Le Clergé ne demande rien, sinon qu'on laisse les choses dans l'état où elles sont. Mais si cet état repugne à la justice & au bon sens, s'il contrarie les plus saintes maximes de la politique, s'il préjudicie au bien du Royaume, est-il sage, aux yeux même de nos Evêques, de le perpétuer? Or, que veut dire un grand peuple domicilié en France & qui n'est pas Français? Qu'il vienne dans nos ports une foule d'étrangers de toutes les Nations que le commerce appelle, ou qu'attire la curiosité, ce flux & reflux étant perpétuel & passager à la fois, ne demande de la part du Gouvernement qu'un léger détail de mesures & de précautions; mais en est-il de même de deux millions d'habitans, qui, répandus dans nos Provinces, auraient un domicile fixe & permanent, sans être autorisés par les Loix? Pourquoi ne seraient-ils pas sujets du Prince, s'ils en sont les tributaires, & comment en sont-ils les sujets, si l'existence légale leur est justement contestée? Pourquoi refuser le titre de citoyen à celui qui n'en refuse aucune des charges? Et comment l'accorder à des gens, que l'infamie du concubinage, & la tache de bâtardie en rendent indignes? L'on veut qu'on fasse semblant de ne pas voir les Protestans dans le corps de l'Etat; mais par quel secret en sont-ils les membres s'il ne lui appartiennent pas? Que signifie au milieu de nous une multitude bizarre d'hommes qui seraient étrangers & regnicoles, soumis à des chefs & cependant acéphales, subalternes sans supérieurs, citoyens sans l'être, dont les femmes ne seraient pas leurs femmes, ni les enfans leurs enfans ? Une base toujours chancelante ne fut jamais celle d'une politique judicieuse. Par quel lien veut-on attacher au Souverain une grande partie de ses sujets, qu'il ne regarderait pas comme tels, & qui n'offrirait lui-même à leurs yeux qu'un phantôme de Roi ? Il faut pour la santé du corps, ou l'amputation des membres gangrenés, ou s'ils sont jugés sains & vigoureux, que le même sang circule de la tête jusqu'aux extrémités. Or, si la prudence exige de chasser les Protestans, ou d'en faire des compatriotes, permet-elle de balancer entre ces deux partis ? Non, me dira-t-on ; mais il est un milieu, qui consiste à fermer les yeux sur l'existence des gens qu'on ne veut pas perdre & qu'on ne saurait gagner. Eh ! quel expédient qui suppose, ou les artifices d'une politique tortueuse, ou la faiblesse d'un gouvernement incertain ? Convient-il au ministére de France de marcher aux yeux de l'Europe autrement que tête levée ? Les maux réels ne demandent point de palliatifs, & les imaginaires ne méritent que du mépris. Un sage législateur, loin de jamais fermer les yeux, fait sentir qu'il les tient toujours ouverts : feindre de ne pas voir ce qui saute aux yeux de tout le monde, c'est se donner un ridicule puérile, & voir des dangers où il n'y en a pas, c'est s'en donner un deshonorant. Qu'on ferme les yeux, à la bonne-heure sur certains abus, dont l'abolition est sans profit & la perpétuité sans conséquence. Mais que deux millions de personnes en France soient tous les jours dans le cas d'être, ou punies avec sévérité ou criminelles impunément : que cinquante mille mariages prohibés jettent tous les ans dans le Royaume cinquante mille bâtards, sans chefs, sans droit, sans famille : que le silence de nos loix prouve dans elle un vice radical, l'inutilité, ou que leur vengeance devienne un germe de troubles, de désordres & de ſcandales : que le Royaume ait l'avantage d'augmenter ſes forces d'acquérir des biens, de groſſir ſes richeſſes, d'étendre ſon commerce, de peupler ſes villages, de relever ſes manufactures, de multiplier les contribuables, de completter ſes régimens, d'enclaſſer des matelots, de donner plus de jeu à tous les reſſorts de l'adminiſtration, ou qu'il ſe prive de tous ces avantages en laiſſant les choſes, *in ſtatu quo*, en fermant les yeux ſur des objets que la plus mince légiſlation mettrait au plus haut prix ; or, l'on m'avouera que c'eſt ſe crever les yeux, & non pas les fermer, que de reſter dans l'indifférence ſur un point de vue auſſi intéreſſant. Que l'on juge de-là ſi l'on doit craindre la moindre oppoſition au rétabliſſement des Religionnaires, ſur tout de la part d'un Clergé auſſi zèlé pour la décence des mœurs & le maintien du bon ordre, qu'ardent pour la gloire & le bien de l'Etat.

C'eſt une fauſſe prévention répandue dans un certain public plus conſcientieux que réfléchi que le Roi étant dans le deſſein de rendre les avantages de l'état civil aux Proteſtans, il ſerait indécent à nos Evêques d'être des témoins muets d'un tel changement, & qu'ils ne pourraient ſe diſpenſer de faire à Sa Majeſté des repréſentations ſur le préjudice qu'il pourrait porter aux intérêts de l'Egliſe.

Mais l'on m'avouera, que ſi la bienſéance exige du Clergé qu'il donne des marques de ſon zèle ſur un Edit, dont on ne peut déſavouer le rapport indirect avec la Religion, l'on m'avouera, dis-je, que ſes repréſentations faites, là finit ſon miniſtere : ce n'eſt point à des mains deſtinées à manier l'encenſoir, que ſont confiées les rènes du gouvernement. Il n'appartient qu'au Conſeil de Sa Majeſté de décider ſur une affaire qui eſt proprement du reſſort de la puiſſance ſéculiére.

Mais de plus ne ſerait-il pas plus ſage & plus prudent à nos Evêques d'attendre les ordres du Souverain dans un noble & reſpectueux ſilence, plutôt que de marquer de l'inquiétude pour des intérêts, ſur leſquels ils peuvent s'en repoſer ſur la piété, les lumiéres, & l'attention de Sa Majeſté.

On reproche aux Proteſtans d'avoir cauſé des troubles dans le Royaume. Je conviens que les Calviniſtes ont paru plus d'une fois les armes à la main: je ſais que durant ces guerres cruelles, dont le Royaume a été ſi long-tems la proie, Catholiques & Proteſtans, tous ſe ſont livrés de part & d'autre à des excès qui font frémir: ſur cet article nulle contradiction; mais il s'agit d'examiner qu'elle était la ſource de ces guerres, & ſi la Religion en était le vrai mobile. Car l'on m'avouera que c'eſt un paralogiſme ridicule de confondre, comme les trois quarts des Lecteurs, le prétexte avec la cauſe, le reſſort avec l'effet, les moyens avec la fin. Or, qu'on liſe les Hiſtoriens, je ne dis pas certains Catholiques, qui en diſent trop; ni les Proteſtans, qui en diſent trop peu; mais les écrivains ſenſés qu'on peut regarder comme des guides ſûrs dans le labyrinthe de l'hiſtoire, & l'on verra que ces guerres n'ont point été des guerres de Religion; mais l'effet de diverſes paſſions violentes, qui, ſe contrariant ſans ceſſe, profitaient de la variété des conjonctures, pour prévaloir tour-à-tour; l'on verra que la vraie ſource des maux, eſt l'ambition de la maiſon de Lorraine, qui ſe voyait aſſez près du trône pour former le projet d'y monter. Pour réuſſir il fallait après la mort de Henri II s'emparer de la Souveraine puiſſance; auſſi les Guiſes s'en ſaiſiſſent-ils. Oncles de la Reine, & par-là maîtres d'un jeune Roi de ſeize ans, ils s'aſſurent des premiéres places, diſtribuent à leur gré les faveurs, ſe font des créatures, éloignent ceux qui leur font ombrage, & ſurtout n'oublient rien pour écarter de la Cour les Bourbons, qui au défaut de la branche stérile des Valois, étaient les héritiers légitimes de la Couronne. On pense bien que le Roi de Navarre, & le Prince de Condé, chefs des Bourbons, ne voyant pas d'un œil tranquille l'élévation des Guises, jaloux des droits que la naissance & le mérite leur donnaient, n'épargnérent rien pour les faire valoir : *Indè mali labes.* D'un côté les Guises avec toute l'impétuositité d'une ambition sans bornes ; de l'autre les Princes du Sang avec toute l'activité que l'orgueil du rang, & la jalousie contre des étrangers peuvent inspirer : en faut-il davantage sous un jeune Roi faible & sans expérience, pour mettre tout le Royaume en feu ? Il ne s'agit que de leur fournir des partisans ; les voilà qui s'offrent tout naturellement dans le sein de la France partagée alors en deux classes d'hommes, que le zèle de la Religion remplit d'une animosité réciproque. La moindre impulsion suffit pour leur faire prendre les armes. Les uns volent à la voix des Guises, les autres sous les étendarts des Princes ; mais dans le fond s'agissait-il des intérêts de la Religion ? Point du tout. Le premier cri de part & d'autre était qu'on marchait au service du Roi, pour le salut de l'Etat ; les uns prétendant venger les droits de l'autorité royale ; les autres s'opposer aux abus qu'on en faisait. Il est vrai que les chefs n'ignorant pas l'ascendant de la Religion sur les esprits, & trop habiles pour n'en pas profiter, ne manquérent pas de mettre en jeu le ressort des consciences, & d'exciter l'ardeur guerriére avec l'aiguillon du fanatisme ; mais il faut l'avouer, les plus zélés Catholiques n'avaient guéres alors l'esprit de l'Evangile, & les plus vils des sectaires étaient le jouet d'une aveugle prévention ; tous couvrant leurs vues du manteau de la Religion, servaient d'instrument, sans peut-être s'en douter, aux passions des grands. Auſſi, dit le préſident Hainaut, d'après un auteur de ce tems : *Dans toutes ces guerres il y avait plutôt du malcontentement que de la Huguenoterie.* Ce ſerait donc une injuſtice, un défaut de diſcernement d'attribuer au Proteſtantiſme, comme à ſa premiére cauſe ces tragédies affreuſes, qui ſe ſont ſuccédées ſous les règnes de François II, de Charles IX & d'Henri III, dernier Prince de la branche des Valois. Il en eſt de ces guerres comme de tant d'autres, que l'ambition des grands allume, que la jalouſie des mécontens entretient, que l'eſprit de vengeance perpétue, qu'enfin la fureur & l'animoſité rendent ſi cruelles & ſi funeſtes : & s'il fallait même accuſer ou les Proteſtans, ou les Catholiques des maux que la France a ſi long-tems éprouvés, ſerait-on ſi mal fondé à l'attribuer à ceux-ci ; puiſque c'eſt l'ambition de leurs chefs, les Guiſes, qui a ouvert dans ce Royaume, la boëte de Pandore ? Ainſi, le Proteſtantiſme & le Catholiciſme n'entraient dans toutes ces tragédies que pour y jouer les derniers rôles.

Mais pourquoi revenir ſur toutes ces horreurs ? Plût à Dieu qu'elles fuſſent effacées de nos annales ! C'eſt au règne d'Henri IV qui termine tout, qu'il faut s'arrêter. Ce Prince eſt reonnu Roi par ces deux partis : la Paix eſt rendue à tout le Royaume, Proteſtans & Catholiques, tous mettent bas les armes, tous jouiſſent enſemble des droits de citoyens. L'égalité entr'eux rétablit l'union. L'Edit de Nantes les met tous au même niveau. Henri ne peut ſe diſpenſer de reconnaître les Proteſtans pour ſes ſujets, & de les aggréger au corps de l'Etat ; ainſi, les voila avec juſtice, marchant pour les droits des citoyens ſur la même ligne que les Catholiques. Chacun vit tranquille dans ſa Communion. Henri maintient les uns & les autres dans un commerce de bienfaiſance, que la différence des ſymboles n'empêche pas. Pourquoi cet heureux équilibre a-t-il été rompu? Par la faute de qui les troubles ont-ils recommencé? Voilà, ce me semble, le point qui doit décider de la justice, ou de l'injustice faite aux Protestans.

Je sens bien que l'on peut m'opposer ici les nouveaux troubles sous le règne de Louis XIII. Ils s'emparérent des villes, soutinrent des siéges, arméREnt des vaisseaux, se liguérent avec les Anglais. Mais je demande à mon tour, si l'on doit appeller incendiaires ceux dont on brûle les maisons, & duelliste un homme qu'on force à tirer l'épée. Si l'on eût suivi sous Louis XIII, le plan de Henri IV, & qu'on eût eu l'attention de contenir les Catholiques dans leurs justes bornes, auroit-on vu le parti contraire sortir des siennes? On sentit bien la nécessité d'un tel parti dès le commencement de ce règne; car Louis XIII, à peine sur le trône, trouve à propos de donner une nouvelle force à l'Edit de Nantes par la déclaration de 1610, dans laquelle il dit formellement: *encore que l'Edit de Nantes soit irrévocable, & n'ait pas besoin d'être confirmé; néanmoins, savoir faisons, enjoignons & ordonnons que ledit Edit, en tous ses points & articles, soit entretenu & gardé inviolablement.*

Qui donc doit on regarder comme turbulens & rebelles, ou ceux qui se moquent des déclarations de nos Rois, ou ceux qui s'y conforment? De l'aveu même des adversaires, les Protestans étaient tranquilles; on sentit même l'injustice d'aller troubler des citoyens dans la possession de leur état: leur soumission faisait quelque peine, on désirait pour ne pas être aggresseurs, qu'ils le devinsent. Pour les irriter, on échauffe secrétement le peuple dans plusieurs Provinces. On suscite des querelles, on outrage les Sectaires. Ils demandent envain justice, les clameurs des Catholiques rendent sourds aux plaintes des Protestans: on refuse les moindres faveurs aux grands de leur parti : On ôte le Gouvernement du Béarn à Caumont de la Force ; rien n'etharoit tant les oppresseurs, que le deni de justice aux opprimés. Dans quelques villes du Languedoc, de la Xaintonge, du Poitou, on poursuit à coups de pierres les excommuniés : on pille plusieurs de leurs maisons : on brûle deux de leurs Temples : on répand un bruit sourd dans tout le Royaume, qu'ils sont à la veille de leur ruine totale. Ajoûtez à cela, le souvenir encore récent de la Saint Barthélemi. Que de motifs, quand on ne voit sur sa tête que des nuées noires, de craindre de nouvelles tempêtes ! Quel parti prendre alors ? Celui du devoir, sans doute. C'est-là le premier cri du cœur Français : aussi ce fut le résultat des premiéres assemblées synodales des Protestans : obéir au Roi, mourir plutôt, que de prendre les armes contre son Souverain : c'est à quoi les Lettres circulaires de leurs Ministres exhortaient toutes leurs Eglises ; mais les vexations continuent, on ne cesse de les harceler, d'Epernon, Themines, Tavannes dans leurs Gouvernemens autorisent les mauvais traitemens contr'eux. La justice & la politique ordonnaient une conduite toute opposée, d'autant plus que la Cour & la capitale, fourmillaient alors de mécontens. La jalousie & l'ambition occasionnaient dans tous les esprits une effervescence dangéreuse. On avait déja contraint les Condé, les Bouillons, les Soubise à sortir de la Cour. L'autorité du Prince était trop faible pour réunir sous sa main tous les Grands. La variété des intérêts forme différens partis : ce n'était partout que défiance, cabales, inquiétudes. A l'intrigue enfin, succède la violence ; les Princes prennent les armes : on appelle les réformés, on les sollicite : ils ont des soldats, de l'argent, des canons, des villes de sûreté. Est il étonnant, qu'éprouvant des vexations de tous côtés, & n'obtenant justice nulle part, ils se soient laissés entraîner sous des drapeaux, où la force leur promettait un meilleur sort? Encore une fois, je ne prétends pas les justifier de ce que réprouvaient leurs Ministres mêmes les plus éclairés. Je sais que l'obéissance jusqu'à la mort est de devoir, & que les succès, même dans la rébellion, sont toujours des crimes: mais si le devoir n'a pas de bornes, la patience en a. Des Grands humiliés à la Cour, & cent mille mécontens dans les Provinces; en faut-il davantage pour que l'orgueil & l'ambition des uns, mettent à profit le dépit & la fureur des autres. De-là, ces dissensions cruelles; qui désolérent encore le Royaume durant une quinzaine d'années, sur lesquelles on ne manqua pas de part & d'autre, de jetter un vernis de Religion, pour échauffer le courage avec la trompette du Sanctuaire; mais qui dans le fond n'avaient que l'ambition pour source, que la vengeance pour aliment, & pour prétexte, qu'un zèle aveugle, que chaque conscience alléguait pour l'honneur de son culte. Tout le mal vint alors du conseil de Louis XIII, qui manqua à l'équité & à la politique: à l'une en laissant impunie les violences des Catholiques contre les Protestans, & à l'autre, en se jettant dans une guerre, dont la faiblesse rendait le succès fort incertain. S'il eût rendu justice aux Religionnaires, les Princes n'auraient pas trouvé un soldat chez eux; & s'il eût été assez puissant, ou auraient resté tranquilles, ou n'auraient pas tenu plus d'une campagne. Mais quand une fois l'Etendart de la révolte est levé, l'épée ne rentre pas aisément dans le fourreau. Ainsi ces divisions intestines, qui n'étaient une guerre de Religion, qu'en apparence, durérent depuis 1615 jusqu'en 1624, époque célèbre par l'entrée d'un homme de génie dans le ministère. Alors tout change de face, l'autorité royale réunie sous la main d'un homme de tête, reprend bientôt tout l'empire qui lui appartient. Le Cardinal de Richelieu n'est pas plutôt le maître, que toute la France s'en apperçoit. Les Princes sont appellés à la Cour, & rentrent dans le devoir, les uns intimidés par des coups d'autorité, les autres gagnés par l'appas des promesses les plus flatteuses. Le génie de Richelieu lui fit bientôt sentir la double nécessité, & d'affaiblir les Protestans, & de les conserver. L'Edit de Nantes pris dans toute son étendue, lui parut une semence inépuisable de troubles dans l'Etat. Il avait raison. Que veulent dire en effet, des vaisseaux, des soldats, des arsenaux, des ports, des villes de sureté abandonnés à trois millions de sujets dans le Royaume? Aussi avec quelle activité, le Cardinal envoye des troupes dans les Provinces méridionales? Le Languedoc, la Guienne, le Poitou, la Xaintonge, tout plie sous ses efforts. Les Protestans sont battus, les villes forcées, leur parti dissipé, & la prise de la Rochelle, où le Cardinal sacrifie plus de quarante millions, achève la ruine, non pas des Protestans, mais de la rébellion. Les Soubises, les Bouillons, les Latrimouilles font leur paix; les Réformés, partout mettent bas les armes; le Cardinal est le seul maître d'imposer des conditions. Mais qu'exige-t-il? S'avise-t-il d'attaquer les consciences? Il avait trop de sagacité pour ne pas sentir que les esprits, les cœurs, les professions de Foi, n'étaient pas du ressort de l'autorité Royale. Il vit en homme d'Etat, qui connaît les droits du cœur humain, & ceux des Rois: qu'ils pensent comme ils voudront; disait-il, pourvu qu'ils obéissent. Un Roi peut bien chasser de ses Etats les sujets, qui ne suivent pas sa croyance; mais les forcer à penser comme lui, c'est injustice de l'exiger, & folie de l'entreprendre. Aussi le Cardinal, content de voir les Sectaires sans puissance, ne pensa pas même à leur contester cette liberté de conscience, que le Créateur a fait entrer dans les essences des Êtres intelligens; & l'on remarque toujours que ce qui est puisé dans le bon sens, est également adopté. Les Protestans furent les premiers à rendre justice à la sage politique du Cardinal. Satisfaits de ce qu'on leur laissait, ils ne firent pas la moindre tentative pour recouvrer des avantages, qui leur faisaient plus de tort en les rendant suspects, que de bien en les rendant puissans. Ils perdent sans regret ce qu'ils avaient de trop, & conservent avec l'État civil la liberté de conscience, que sans injustice on ne pouvait leur ôter. Voila donc l'Edit de Nantes, réduit par le génie de Richelieu au juste point, que devait assigner une sage & judicieuse politique. Le Cardinal meurt : Louis XIII le suit : Louis XIV à cinq ans monte sur le trône. Nouvelle Cour, nouvelle vues, nouveaux intérêts, nouvelles cabales. Qu'on se rappelle les orages sur la France sous la minorité de Louis XIV. Des guerres de tous côtés, contre les Espagnols ; contre les Impériaux ; en Flandres, en Italie, sans parler des troubles, qui armérent les Princes contre les Princes, les Parlemens contre la Cour, les Parisiens contre les Mazarins. Quoi de plus facile aux Protestans que de profiter de ces circonstances, ou pour se venger de ce qu'ils avaient souffert, ou pour récouvrer ce qu'ils avaient perdu : on les sollicite, on les caresse, on tâche de les allarmer par des faux bruits, ou de les séduire par de belles promesses. Fidèles à leur devoir, ils ne prennent aucune part à ces dissensions, ou s'ils prennent les armes, c'est pour le service du Roi. Plusieurs Seigneurs de leur parti se rangérent du côté de la Régente, & se distinguérent sous les drapeaux des Royalistes. Ce fut même un Protestant, dont j'ai oublié le nom, qui conserva la ville de Gien au Roi, & qui, pour récompense, reçut des titres de Noblesse. *Je n'ai point à me plaindre du petit Troupeau*, disait le Cardinal Mazarin, *s'ils broute de mauvaises herbes, du moins il ne s'écarte pas.* Enfin les historiens Catholiques les plus animés contre les Protestans, conviennent que, malgré mille occasions d'augmenter les troubles, & de se venger, ils ne donnérent à Louis XIV aucun sujet de se plaindre de leur conduite. Ce Prince en était si convaincu, que non-seulement il leur laissa un culte public, des Colléges pour l'éducation de leurs enfans, l'entrée dans les charges, une liberté complette pour leurs mariages, leurs baptêmes, leurs synodes & toutes leurs pratiques; mais il leur donna même les plus grands éloges sur leur fidélité, de vive voix & par écrit, jusqu'à dire qu'*ils méritaient sa protection par leur zèle, & qu'il leur devait de la reconnaissance; parce qu'ils avaient contribué en toutes choses au bien & avantage de ses affaires.* Il le mande au Roi d'Angleterre, il en assure l'Electeur de Brandebourg, il le déclare dans plusieurs Edits confirmatifs de ceux de son prédécesseur. Ce sont-là des faits. Dira-t-on que Louis XIV n'était pas alors un Roi très-Chrétien, le fils aîné de l'Eglise, un digne successeur de St. Louis? On en aurait un démenti du Pape, qui lui donnait alors tous ces titres. Dira-t-on que c'est par foiblesse, par contrainte, par nécessité, que ce Prince ménageait les Protestans? Il était à l'apogée de sa puissance & de sa gloire; vainqueur de tous ses ennemis, arbitre de l'Europe, jaloux à l'excès de son autorité. Si les Protestans l'eussent blessé sur un point aussi délicat, faut-il croire qu'ils l'eussent fait impunément? Je demande à présent comment arrive-t-il que ce qui paraît juste pendant quarante ans, cesse de l'être sans aucun nouvel incident? Depuis la prise de la Rochelle en 1628 jusqu'en 1675 ou 80. Les Protestans sont irréprochables dans leur conduite, & reconnus pour tels, paisibles dans leurs possessions, & en droit de s'y maintenir, jouissant de la liberté du culte, & protégés par les Loix dans cette jouissance: vrais maris, vrais peres, vrais citoyens, & dignes de l'être : & voila que tout d'un coup mille orages fondent sur eux ; on renverse leurs temples, on brûle leurs maisons, on pille leurs biens, on chasse leurs ministres : leurs femmes sont des concubines, leurs enfans des bâtards, leurs assemblées des conspirations, leurs testamens cassés, leurs mourans sans ressource, leurs morts jettés à la voirie. Je serais charmé que quelqu'un m'expliquât ce mistére. Pourquoi ce passage si singulier de la tolérance la plus complette à la persécution la plus marquée ?

J'y ai réfléchi plusieurs fois, & voici ce qui m'a paru pouvoir donner quelque jour à ces ténèbres.

Je crois être dans le vrai, quoiqu'en m'écartant du sentiment de tout le monde. Je ne suis, je l'avoue, ni pour l'Edit de Nantes, ni pour sa révocation. La politique aujourd'hui, nous place dans un point-de-vue, qui ne nous permet l'apologie de l'un ni de l'autre. Henri IV, Louis XIII & Louis XIV, quoique tous trois dignes d'éloges, ne sont pas des modèles à proposer sur le point en question. Le premier en a trop accordé aux Calvinistes ; le deuxiéme n'en a pas fait assez pour la Religion ; & le dernier a mal servi la Religion, en faisant trop contre les Protestans. Henri IV est sans doute excusable par la singularité de sa position. Pressé d'un côté par les Catholiques, qui ne cessent de lui crier à l'hérésie, & d'en prêcher l'intolérance : de l'autre, par les Hérétiques qui s'étaient généreusement sacrifiés pour lui procurer la Couronne : obligé par serment envers les uns, qui réclament l'unité de leur Religion ; & par réconnoissance envers les autres, qui demandent la récompense de leurs services ; avec la liberté de conscience : rédevable de sa protection à tous, dont il est le Pere commun, étant leur Roi, que pouvait-il faire de mieux, que de chercher quelque tempérament heureux, pour concilier l'intérêt de tant de millions de sujets, qui s'anathématisaient réciproquement ? Or, en pouvait-il trouver un plus propre à cet effet, que dans l'Edit de Nantes, que les circonstances d'un moment faisaient regarder dans toute l'Europe, comme un vrai chef-d'œuvre de politique, par son adresse à ménager les intérêts des deux Communions ? Cependant il faut avouer que la concession des priviléges énormes, donnés par l'édit aux Protestans, la permission de prêcher ouvertement des erreurs contraires à nos dogmes, si l'Etat perplexe de Henri les excusait, du moins il aurait dû y mettre des bornes pour ne pas éterniser en quelque sorte l'héréfie, & le scandale dans le Royaume. Le Cardinal de Richelieu, témoin des mouvemens convulsifs dont l'Etat était agité, crut nécessaire d'aller à la source du mal, en portant le fer & le feu. Il retrancha bien tout ce qui empêchait la circulation, & rendit le calme à la France ; mais plus effrayé du canon & des bayonnettes, que des inconvéniens du prêche, il ne vit que le soldat dans le Protestant, & non le Protestant dans le soldat ; le Ministre chez lui l'emporta sur le Cardinal ; content de désarmer les Religionnaires, il laissa un libre cours au poison de l'héréfie, & en autorisant les Hérétiques sur les tribunaux de la justice, en leur donnant des Temples, des Synodes, des Ecoles & des Colléges, il entretint dans le Royaume, un germe de discorde par l'authenticité légale des deux Cultes, qui prouvaient tous les jours leur incompatibilité par les anathêmes réciproques, dont ils se chargeaient. Ainsi Richelieu, soit par impuissance, soit par politique, ne guérit le mal qu'à moitié. Venons à présent à Louis XIV. On ne peut pas le faire débuter plus mal. Dès la premiére année de son règne, en 1643, le Conseil de régence donne en son nom, & fait publier une déclaration, qui confirme les Edits de son prédécesseur, favorables aux Religionnaires ; les qualifie de perpétuels & irrévocables, ordonne de punir, comme perturbateur de repos public, quiconque y contreviendra, & lie le souverain dans l'obligation de maintenir les Protestans dans tous leurs priviléges, en sorte que tout leur est permis : Temples, Cultes, Académies, Ecoles, entrée dans les Charges, assemblées Synodales, Mandemens, Exercices publics. Voilà donc par cet acte, le Ministére, les Parlemens, toute la France engagée solemnellement à soutenir la Religion Protestante dans une liberté égale à celle de la Communion Romaine. A quel propos donner une telle Déclaration ? Etait-ce par des vues de justice ? Il fallait donc ne pas se démentir, & continuer d'être équitable. Etait-ce pour leurrer un peuple qu'on craignait, & l'endormir dans un calme nécessaire alors pour d'autres opérations ? Mais comment accorder ce petit machiavélisme avec la bonne foi, l'équité, l'honneur, la droiture, qui sont la base d'un solide Gouvernement ? N'était-il pas plus sage de temporiser sans rien dire, que de réitérer des engagemens autentiques, dont la rupture ne pouvait être justifiée, que par l'infidelité des Protestans ? Mais ils se gardérent bien de donner la moindre prise à la censure. Sourds à toutes les sollicitations, & des ennemis de la France, & de ceux de Mazarin, ils chantaient leurs Pseaumes en mauvais Français marotique en toute liberté, se soulaient de prêches sans inquiétudes, se mariaient selon leur rit ; & pour lors très validement, cathéchisaient à leur gré leurs enfans, leur laissaient leurs biens sans contestation, mouraient tranquillement entre les mains de leurs Ministres, & recevaient selon leur rubrique les honneurs de la sépulture ; & cependant Louis XIV n'en était pas moins reconnu dans toute la Chrétienté pour le Fils aîné de l'Eglise. Mais à peine

peine ce Prince eſt arrivé à l'âge de trente ans, que la fronde étant diſſipée, & les ennemis de la France humiliés par pluſieurs de nos victoires, on change de vue dans le miniſtére à l'égard des Proteſtans ; on ouvre les yeux ſur un mal enraciné depuis ſoixante ans, ratifié par ſermens authentiques, confirmé par des Déclarations enregiſtrées. Comment revenir ſur ſes pas, & par quel moyen remédier à des déſordres, dont la Religion ſe plaint ? C'eſt ce qui me reſte à expliquer. Je le ferai, peut-être d'une maniére qui ne plaira pas à tout le monde ; mais impartial en tout, excepté pour la Religion, je me flatte du ſuffrage des gens ſenſés, ſur tout ne me permettant jamais que des conjonctures analogues à la vérité des événemens.

Vers l'an 1664 & 1665, tout était aſſez tranquille au-dedans & au-dehors. Les Proteſtans avaient beaucoup d'ennemis dans le Royaume, & Louis XIV beaucoup de flatteurs autour de ſa perſonne. Les premiers crurent le moment favorable pour la ruine de la Religion Proteſtante, & s'unirent aux autres pour la procurer. A la tête de ces ennemis était le Clergé, & cela n'eſt pas ſurpenant : Evêques, Prêtres, Religieux, tous voyaient d'un œil chagrin les établiſſemens nombreux d'une Secte excommuniée, placée ſous la protection des Loix. Eſt-ce par un zèle aveugle ou éclairé, qu'ils agiſſaient ? Etaient-ils animés par des motifs humains, ou par un eſprit de piété ? Je ne doute nullement que beaucoup ne fuſſent excités par des motifs louables ; mais auſſi faut-il convenir que les paſſions, dans un grand nombre, influaient plus que l'amour de la Religion. Ce qui eſt certain, c'eſt que les revenus de pluſieurs Evêques n'étaient pas à l'uniſſon de leurs deſirs, & que plus de 1200 Egliſes Proteſtantes, au-delà de la Loire, occupant un terrein conſidérable, le temporel des Evêques gagnait beaucoup à leur ruine. Ce qui paraît encore certain, c'est que les Jésuites ayant été souvent aux prises avec les Religionnaires, & ceux-ci leur ayant reproché plus d'une fois, & prouvé solidement la perversité de leur Doctrine & le relâchement de leur Morale, les autres las de ne se venger qu'à coups de plume, desiraient ardemment d'armer le bras séculier contre leurs adversaires. Ce qui ne peut encore se contester, c'est que les Religieux avaient beaucoup à se plaindre des Protestans, qui, dans des écrits, quelquefois piquans, avaient frondé leur conduite, attaqué leurs fausses reliques, & relevé avec force les abus de certaines pratiques superstitieuses, qu'ils n'entretenaient que par intérêt & cupidité. On peut cependant, je le répète, & l'on doit croire, que le zèle de la maison du Seigneur ne permettant pas de voir dans son voisinage, avec indifférence, un culte impur dans des Temples consacrés à l'erreur, beaucoup d'Ecclésiastiques n'avaient en vue que la gloire de l'Arche, en desirant la chûte de Dagon.

Quoiqu'il en soit des motifs, les faits nous apprennent assez que le Calvinisme avait à la Cour des ennemis d'autant plus redoutables, qu'il avaient remarqué dans Louis XIV deux ressorts puissans sur son cœur, celui de la Religion & celui de la gloire. On peut dire que ce Prince, sans être dévot, était religieux, & qu'il honorait la piété sans en avoir. Le feu de l'âge, la violence des passions l'entraînait vers le plaisir; mais jamais vers l'impiété. Ce qu'on doit à Dieu, s'il ne le lui rendait pas toujours, du moins il voulait qu'on le lui rendît: comme il aimait à donner un air de grandeur à tout, il ne s'en tenait pas à la décence pour la Religion, il voulait de la magnificence dans l'appareil; aussi n'avait-il qu'une aversion naturelle pour le Calvinisme, dont le culte était rebutant par l'excès de la simplicité. Jugez s'il était facile d'inspirer à ce Prince le dessein d'en purger ses États. Mais on avait encore plus beau jeu en le prenant du côté de la gloire, dont l'amour était sa passion dominante. Par ses victoires sur les ennemis de la France, il n'était qu'un Scipion, un César; mais Hercule, vainqueur de l'Hydre, était un modèle, qu'il suffisait de lui présenter pour enflammer son courage. Rien n'était donc plus aisé, que de déterminer ce Prince à renverser le collosse du Protestantisme, dont la chûte était pour l'Église un service important, & pour lui une source de gloire: son Clergé lui en faisait un devoir, son Confesseur un grand mérite devant Dieu, & sa vanité un trophée éternel devant les hommes. En fallait-il davantage pour engager ce Monarque dans une entreprise, qui, louable sous certains rapports, ne demandait, pour l'être en tous points, que d'être resserrée dans de justes bornes, & conduite avec prudence, & modération? Si l'on avait voulu s'en rapporter aux Jésuites, à certains Evêques, aux Courtisans, dès l'année 1665, l'Edit foudroyant contre la Secte eût été publié. Mais la sagesse de Colbert, la prudence de Villeroy, l'habileté des autres Ministres l'emportérent au Conseil sur la fougue d'un zèle indiscret. On fit sentir au Roi que trois millions de ses sujets tranquilles sous la sauve-garde des Loix, à qui l'on n'avait à reprocher qu'une mauvaise théologie, n'étaient ni un vil bétail à sacrifier brusquement, ni des ennemis assez méprisables pour les jetter tout d'un coup dans le désespoir. On lui persuada que la lenteur dans cette entreprise, ne ferait qu'en assurer le succès, & qu'il falloit, sans toucher au tronc de l'arbre, se contenter d'en abattre successivement les branches. Aussi l'on compte depuis 1665 jusqu'en 1684, au moins cinquante Edits ou Déclarations, qui, donnés d'années en années dérobaient la force des coups sans en ôter l'effet. Pendant le cours des ces vingt années, plus de 700 Temples des Protestans furent abattus, la plupart de leurs Ecoles supprimées, leur fameux Collége de Sédan fermé; toutes Charges judiciaires ou municipales interdites, les Chambres mi-parties absolument abolies, les fonctions d'Avocat, de Procureur, de Médecin défendues; plus de place pour eux, ni dans la maison du Roi, ni dans celle des Princes; les pensions retranchées aux Officiers Protestans; défense à leurs Synodes de se mêler d'affaires publiques, ou de recevoir aucun lègs ou donation: défense à leurs Ministres de rien dire contre les Catholiques, & de célébrer publiquement leurs mariages: défense aux Seigneurs d'admettre des prêches dans leurs Châteaux: défense même d'enseigner chez eux le Grec, l'Hébreu, la Philosophie, la Théologie. Il n'y eut pas jusqu'aux Chirurgiens, aux sages Femmes, qui furent privés de toute exercice, & cette foule de Déclarations semées dans le cours de vingt ans, étaient passées sans résistance, & exécutées sans clameur, sans murmure, sans violences, C'était-là le point où il était à propos d'arriver à quelques modifications près, & où il convenait de s'arrêter. Les Protestans étaient réduits à l'état civil, ce qui n'était qu'utile au Royaume, à la liberté de conscience, ce qu'aucune Puissance sur la terre n'a droit d'ôter, à la permission de se marier, d'élever leurs enfans, & de prier selon leur rit, ce que la nature & l'humanité leur adjugeaient. Plus d'assemblées d'éclat, plus d'appareil de Religion, plus d'ostentation dans leurs pratiques. La Secte n'était plus qu'un squélette desséché, sans mouvement que pour le commerce, sans vigueur que pour les arts, sans vie que pour la propagation. Ah! si Colbert eût encore vécu, ou si Louis XIV eût été bien conseillé, c'était-là le moment, non pas de mettre la coignée à la racine de l'arbre ; mais plutôt de l'entretenir avec la ſcience de Port-royal, & de l'arroſer par la main de nos Arnaults, Nicoles, Boſſuets. Déja même l'éſpérance des conversions était mieux fondée que jamais. Les écrits de nos Controverſiſtes ouvraient déja les yeux aux Papins, aux Pajons, aux Saurins, & par eux à des millions d'autres. Mais l'ouvrage allait trop lentement au gré de certains Zélateurs impétueux, dont la vengeance ou la cupidité n'était pas ſatisfaite. On ne ceſſe de répéter à Louis XIV, que le titre d'exterminateur de l'héréſie eſt le plus beau des titres ; que ſa gloire demande qu'il en efface dans ſes Etats juſqu'aux moindres traces ; qu'un Roi Chrétien ne peut en conſcience permettre à trois millions de ſes ſujets de rejetter les déciſions du Concile de Trente : on lui fait entendre par de faux expoſés, que du reſte, il ne s'agit que de quelques milliers d'opiniâtres à ſubjuguer par un coup d'autorité. Charlemagne & Saint-Louis n'auroient point eu d'égard à ces Conſeils : mais Louis XIV, tout grand qu'il était, n'avait ni la pénétration de l'un, ni la modeſte fermeté de l'autre. Il ſe rend à ſes inſtances, & donne enfin ce fameux Edit, qui non-ſeulement, révoque celui de Nantes, & tous ceux qui lui étaient analogues ; mais qui réduit encore tous les Proteſtans de ſon Royaume à la fâcheuſe alternative, ou de tout perdre, ou d'aller à la meſſe, de ſortir de la France en fugitifs, ou d'y reſter en proie à mille vexations. Pour comble d'imprudence, ce violent Edit eſt envoyé dans les Provinces, avec ordre aux Commandans, aux Gouverneurs, Intendans, de l'exécuter avec ſévérité. L'on ſait très-bien à quels brigandages il donna lieu par les emportemens des Dragons, quelle plaie il fit à la France par les émigrations au moins de ſix cens mille habitans ſeulement, dès le commencement de la publication de l'Edit, ſans compter celles qui s'ensuivirent, & qui continuaient journellement; & de quelle inutilité il fut pour la conversion des Religionnaires, qui depuis cette époque, vivent dans le Royaume sans état, quoique nombreux sans droit, quoique tributaires sans femmes, quoique mariés sans héritiers, quoique peres, tantôt vexés, tantôt tranquilles, confondus dans la foule, sans être tolérés, maintenus dans leurs possessions, sans pouvoir en disposer à leurs gré, désavoués dans leurs pratiques, impunis & punissables, soutenus par le Législateur même dans l'infraction des Loix : position singuliére, bizarre, ridicule, sur laquelle on demanderait volontiers, si son changement n'est pas aussi desirable pour l'honneur du ministére, que pour le bien des Protestans.

D'après cet exposé, l'on voit que la fortune des Secrétaires balottés, a passé par des variations relatives aux conjonctures. Puissans, mais contenus sous Henri IV, désarmés sous Lous XIII; mais maintenus dans leurs Priviléges, confirmés dans leurs Droits sous Louis XIV; mais bientôt affaiblis & dépouillés, ils étaient réduits au point précis que demandaient les intérêts de l'Eglise & de l'Etat; mais au-dessous duquel on ne pouvait les faire descendre, sans blesser la justice & l'humanité. Aussi quel est le politique de bonne foi, qui ne conviendra pas que l'Edit révocatoire était de trop, puisque pour en faire l'apologie, on est forcé de soutenir les absurdités les plus choquantes, & quel absurdités? Que les violences de la Dragonade n'étaient que des bagatelles, que tout mariage sans sacrement est concubinage, que les Peres Hérétiques n'ont pas de droit sur leurs enfans; que des abjurations feintes & simulées, sont préférables à des professions de Foi erronées; qu'il vaut mieux exposer nos augustes Sacremens à d'horribles profanations, que de rendre la jouissance de l'état civil indépendante de leur participation; que la perte de cinq à six cents mille habitans, & même d'un million, n'est qu'une plaie légére pour l'Etat, & bientôt cicatrisée; qu'il est, selon l'esprit de l'Evangile, d'employer amendes, prisons, confiscation de biens & autres vexations, pour faire changer de conscience aux errans, que conseille une aveugle & ardente charité; qu'un Roi Chrétien ne peut pas sans crime établir des formalités, qui rendent valides les mariages des excommuniés & tant d'autres paradoxes effrayans, qu'on est fort surpris de trouver dans des Ecrits imprimés avec approbation & privilége, qui prouvent dans leurs Auteurs, plus de zèle que de lumiéres, plus de préventions que de jugement.

Nous venons de développer le mystére d'iniquité, & après avoir exposé les raisons pour & contre, nous voilà conduits à des conclusions, qui sont l'objet de mon systême. L'Edit de révocation surpris à la Religion de Louis XIV, loin d'être le fruit d'une politique saine, porte visiblement l'empreinte de l'injustice & de l'imprudence, & fait plus de tort à la mémoire de ce Prince, qu'il ne contribue à sa gloire. Rien ne pouvait le justifier, que le crime de rebellion de la part des Protestans; & même en le supposant, ce n'est pas par un Edit qu'il convenait de les punir : il falloit les traiter en sujets rebelles, marcher en force contr'eux, les subjuguer à main armée, faire pendre les chefs, dégrader les nobles, & réduire le reste sous le joug du devoir : mais ce crime étant imaginaire, & la crainte une puérilité, rien n'était plus déplacé que d'attaquer avec l'épée leur Religion, de violenter leurs consciences par des vexations, & d'aller chercher dans leur hétérodoxie, un prétexte pour les écraser. Je sais bien que dans nos Rois, le desir de ne permettre dans ses

Etats qu'un culte agréable à Dieu, est très-louable. Je crois même qu'un tel projet est de devoir ; mais n'ayant pour l'exécution qu'un seul moyen légitime, celui de la persuasion, il n'en fallait pas employer d'autres. Il est donc constant que l'Edit révocatoire a ouvert la porte à mille injustices criantes.

Je sais bien qu'on a voulu faire accroire au Roi, que les peines portées par les Ordonnances, ne sont que des afflictions salutaires, propres à faire rentrer les Hérétiques en eux-mêmes, & les ramener dans la bonne voie : que ce n'est pas persécuter les gens que de leur rendre service malgré eux : que c'est arrêter un aveugle, qui va se précipiter dans la riviére : que c'est désarmer un Frénétique un poignard à la main, qu'il faut l'enchaîner quand le besoin le réquiert pour le sauver. (a) Je sais fort bien que si le Roi croyait les Religionnaires injustement opprimés depuis 95 ans, Sa Majesté regarderait comme un devoir essentiel d'annuller l'Edit de révocation & de proportionner la réparation aux dommages. Je sais bien que si l'on a excédé du côté des mauvais traitemens, ce n'est pas la faute de l'Edit, qui ne les ordonnait pas ; mais celle des exécuteurs, qui l'ont transgressé.

Mais on prend bien le change dans cette affaire. On aurait tort, sans doute, d'appeller persécution, la violence qu'on fait ou à des phrénétiques qu'on désarme, ou à des aveugles qu'on détourne de l'abîme. Mais en est-il des maladies de l'esprit comme de celles du corps ? L'erreur se traite-t-elle comme la phrénésie ? L'on ferait une belle opération de transf-

---

(a) Ainsi les Espagnols brûlent les Hérétiques pour les sauver, & leur font souffrir un feu temporel, pour leur épargner des peines éternelles.

porter les Witasses dans la faculté de Médecine & les Bouvards en Sorbonne. Pour sauver un aveugle qui va se précipiter, je n'ai pas besoin de son consentement; mais celui d'un Hérétique pour sa conversion, ne m'est-il pas nécessaire? Et puis-je me flatter de l'avoir, si je lui mets le poignard dans la gorge pour l'arracher? Et quand je l'aurai tiré, l'aurai-je converti? Ses erreurs s'écouleront-elles avec son sang? Quand l'on dit donc que c'est rendre service à quiconque est dans l'erreur, que de le contraindre à l'abjurer; que fait-on, peut-être le rendrait-on plus coupable? Son abjuration n'est-elle pas simulée? Les faux convertis sont-ils si rares? L'hypocrisie n'est-elle pas la ressource ordinaire contre les coups de poignard? Et dans ce cas, au malheur de l'hérésie, on fait ajoûter le crime de l'imposture. Or, un bon Huguenot, qui est de bonne foi dans l'erreur, ne vaut-il pas mieux qu'un mauvais Catholique, qui en manque dans le parti de la vérité?

Or, toute violence employée contre les consciences même les plus erronées, est une persécution; ainsi je ne crains pas de donner ce titre odieux de persécuteurs à nos aveugles ancêtres assez cruels pour faire brûler les Albigeois en Guyenne, les Manichéens dans l'Orléanois, les Protestans à Paris. Les Rois Chrétiens n'ont pas plus de droit de condamner à mort des sujets fidèles, parce qu'ils sont Hérétiques, que les Empereurs Payens n'en avaient de tourmenter les Chrétiens. Comme ce n'est pas la vérité qui m'attache au corps civil, ce n'est pas l'erreur qui m'en détache; & l'hérétique le plus infecté n'a pas plus de compte à rendre au Prince, que le Prince n'a de droit de l'interroger sur sa croyance. Quelque hétérodoxes que soient mes sentimens, ma maison, ma femme, mes enfans, mon bien, ne m'en appartiennent pas moins: mon droit de propriété n'est pas établi sur la justice de mon discernement en Religion, mais sur la Loi. Quand je serais plus coupable que ces Protestans, jusqu'à croire que l'Ancien & le Nouveau Testament ne sont que des rêveries; si je n'écris point, si je ne fais pas l'office de Prédicant, mon extravagance ne m'ôte ni le titre, ni les prérogatives de citoyen. Que l'on me fasse changer de sentiment par de bonnes raisons, je les écouterai: si je ne m'y rends pas, que l'on me traite d'esprit baroque, de mauvais raisonneur; mais qu'on ne m'envoye pas aux galéres pour cela. Le Roi lui-même n'en a pas le droit. Dans l'empire des esprits il n'y a pas de bras séculiers.

Le despotisme sur les intelligences est une absurdité dans la politique, & son exercice un attentat contre la Divinité, comme j'ai déja dit ailleurs.

IIe. OBJECTION.

L'on me dira qu'il faut décharger la France d'un fardeau qu'elle n'a jamais pu porter: que les Protestans n'ont jamais été tolérés dans le Royaume, ni ne peuvent l'être: que leur existence pour être légale doit être revêtue non-seulement de l'autorité des Loix; mais de l'acquiescement libre du Souverain & du vœu de la Nation, que ces trois avantages leur ont toujours manqué, & que quoiqu'ils aient joui pendant plus d'un siécle de tous ces priviléges, les Loix n'étaient pas accordées, mais arrachées: que le Prince en cédant, gémissait des faveurs, que la politique lui dérobait: que la Nation étonnée de voir au milieu d'elle un Peuple d'excommuniés ne soupirait qu'après sa délivrance: qu'on souffrait ce qu'on ne pouvait empêcher, & que le mélange de deux Religions en France, faisait desirer sans cesse à la véritable, l'heureux moment de se voir débarrassée de la fausse : que ce moment est arrivé, & que les deux glaives s'unissent ici contre le Protestantisme; celui de l'Eglise, qui par sa nature, est intolérant de tout Culte hétérodoxe, & celui du Prince engagé par serment à bannir toute hérésie de ses Etats. L'on ajoûtera à tout cela le cri de la Nation, qui ne s'indignerait pas moins de la proposition des deux Religions dans le Royaume, que celle de deux Rois pour les gouverner : que l'admission des Protestans serait une source de troubles, leurs écrits une sémence de nouvelles disputes, & leurs pratiques peut-être une occasion de chûtes pour plusieurs : que l'on ne peut pas en conséquence, oser proposer leur tolérance, que le Monarque, les Evêques, les Parlemens, tous les sujets semblent ne jetter qu'un cri pour l'unité de la Religion dominante.

Dieu, quel paradoxe ! Quoi ! Les Protestans n'ont jamais été dans le Royaume, ils ne peuvent pas y être ? Il ne faut donc désormais faire aucun cas, ni des Histoires les plus avérées, ni des Traités les plus solemnels, ni des Déclarations les plus authentiques, ni des enregistremens des Cours souveraines, ni des sermens des Rois. Comment ose-t-on dire que tout a été forcé, rien de libre, rien d'avoué par la Nation ? On nous jette par-là dans un Pyrronisme bien ténébreux : mais pour ne pas repéter ce que j'ai déjà dit là-dessus; l'on me permettra une hypothèse singuliére & délicate, mais intéressante, & propre à désabuser ceux qui tiennent de pareil propos.

Remontons à l'année 1593, au tems du siége de Paris, par Henri de Navarre, ce Prince demande la Couronne comme un bien, qui n'appartient qu'à lui; ses droits étaient incontestables : cependant quelle étrange opposition de la part des Français pour reconnaître leur Roi ! Pourquoi ? C'est qu'il est Protestant. Mais y pensait-on ? L'hérésie efface-t-elle dans l'héritier légitime du trône, les droits de la naissance ? La perte de la Foi entraîne-t-elle après soi celle de la souveraineté ? L'Evangile ordonne-t-il de se révolter contre les Princes qui tombent dans l'erreur ? Si cela est, les premiers Chrétiens n'observaient guéres l'Evangile, puisque les Empereurs idolâtres ne trouvaient en eux qu'obéissance, soumission & fidélité. Que l'on ne me dise pas que c'est parce qu'ils n'étaient pas les plus forts. Il faut laisser de tels propos au Jésuite Bellarmin, qui dans un ouvrage approuvé & imprimé à Rome, s'est avisé de dire que les premiers Chrétiens auraient du détrôner les Empereurs s'ils avaient eu la force en main. Des oreilles Françaises ne se feraient jamais à de telles maximes. De plus, ne nous trompons pas : dès le second siécle, la multitude des Chrétiens était si prodigieuse, qu'ils auraient pu fournir aisément une armée de deux cens mille hommes, bouleverser au moins tout l'Empire, & disposer peut-être à leur gré de la Couronne. Mais laissons-là cette question, qui ne fait rien à la nôtre.

Il s'agit de savoir si notre Religion établit les droits des Souverains sur leur force, & les devoirs des Sujets sur le symbole des Souverains. L'Ecriture-Sainte n'oblige-t-elle d'obeir qu'aux Puissances qui soutiennent le parti de la vérité ? Le vrai zèle pour la Foi change-t-il en vertu le crime de la rébellion ?

Non, sans doute, non : le devoir de tous les Français était de reconnaître alors Henri pour leur Roi, tout imbu qu'il était des erreurs des Protestans. Aussi vit-on un grand nombre de Catholiques éclairés se ranger sous ses drapeaux. Les meilleurs têtes du Parlement, les Harlay, les Molé, les le Maître & beaucoup d'autres, ne balancérent pas d'avouer la légitimité de son droit, & l'eussent conduit avec pompe sur le trône de ses ancêtres, sans je ne sais quel esprit de vertige, qui s'était emparé de presque toute la Nation.

Que serait-il donc arrivé, si Henri IV fût monté sur le trône avec l'Hérésie dans l'esprit & le Schisme dans le cœur ? De deux chose l'une : ce Prince eût rempli les devoirs de la Royauté, ou non. Dans le premier cas, c'est-à-dire, s'il se fût conduit en grand Roi, il eût également respecté les consciences de tous ses sujets, & les eût tous maintenus dans le libre exercice de leur Religion, sachant qu'un Roi Protestant n'a pas plus de droit sur les consciences des Catholiques, qu'un Roi Catholique sur celles des Protestans. Bientôt le seul bon sens lui eût appris, que la vérité ne pouvant être dans deux partis contradictoires, il devait consulter les plus savans de part & d'autre, ménager entr'eux des conférences, examiner leurs raisons, apprécier leur motifs de crédibilité ; & Dieu ne manquant jamais de récompenser une droiture de cœur, dont il est le principe, par les lumiéres qu'on lui demande, il eût enfin découvert que tous les caractéres de vérité se réunissent sur la croyance Catholique ; & que celle des Protestans n'a pour source que l'audace des Novateurs ; pour prétexte, que des clameurs contre des abus ; pour aliment, que des préventions injustes ; pour appui, que des calomnies, & pour base qu'un systême absurde, qui ne tend à rien moins qu'à établir chaque particulier Juge en dernier ressort, en fait de doctrine. Le Prince alors conduit par la lumiére à la vérité, se fût déclaré hautement pour les Catholiques, & loin d'accorder aux autres ce fameux Edit de Nantes, qui leur donnait tant de priviléges, il eût pris de sages mesures, soit pour les gagner par la voie de la persuasion & des bienfaits, soit pour les contenir dans les bornes, que prescrivent l'humanité, la justice, la douceur, la modération, la reconnoissance, la charité.

Mais si au second cas, Henri IV Protestant, dominé par un esprit de parti, une fois affermi sur le trône n'eût accordé des faveurs qu'aux Huguenots, si, regardant les Papistes comme des idolâtres entêtés & de vils superstitieux : il les eût exclus des charges & eût autorisé des vexations contr'eux pour les faire changer de Religion ? Quel parti les Catholiques avaient-ils à prendre ? Etoit-ce celui de se révolter contre ce Monarque, de tramer des conspirations contre sa vie, d'armer contre lui ses sujets ? Ce sont-là des forfaits que condamnent également l'Ecriture, la Tradition, les Loix divines & humaines. Non, l'unique moyen des Catholiques, était alors d'obéir au Prince dans tout ce qui n'intéressoit pas leur conscience. L'attaque-t-on de ce côté-là ? Et pour les contraindre à renoncer à leur Foi, le Prince est-il assez injuste pour les priver de leurs biens, de leurs emplois, de leur liberté ? C'est-là l'occasion de mériter par le sacrifice de ce qu'on a de plus cher, la Couronne du Martyre. Nulle ressource pour eux, que dans la patience, les priéres, les gémissemens, les larmes. Je me trompe, il en reste encore une très-légitime, c'est de fuir la persécution, & de passer en Espagne, en Italie, dans des païs, où la liberté de conscience serait assûrée.

Que la Religion devienne ce qu'elle pourra en France, cela ne nous regarde pas. Dieu donne les Rois ou dans sa colére ou dans sa bonté : il ne nous appartient pas de sonder ses décrets, encore moins de les corriger. Le soin de l'Eglise regarde son fondateur, & celui de l'Etat est l'affaire du Souverain. Est-il bon & juste ? Remercions le Ciel du présent qu'il nous a fait, est-il un tyran? Obéissons en adorant la main invisible, qui nous frappe par la sienne. Les sujets nulle part ne sont législateurs, quoique les Gouvernemens varient selon la différence des concordats, la soumission est toujours le partage du Peuple. L'abus du pouvoir rend sans doute un Roi coupable devant Dieu; mais le seul cas de la conscience compromise autorise le refus d'obtempérer. Ces principes posés voici mon raisonnement.

Si Henri IV, vainqueur à la journée d'Arques, d'Yvri, de Fontaine-Française, soutenu par soixante mille Protestans, appuyé par huit mille Anglais, secondé par un grand nombre de Catholiques, fût monté sur le trône sans avoir fait d'abjuration, & qu'il eût dit au Français. Mes enfans, je suis votre Roi, & par droit de naissance & par droit de conquête. Vous me devez obéissance & fidélité : ma conscience ne me permet pas de renoncer à la Religion réformée, que je crois la meilleure. La votre, ô Catholiques, vous ordonne de rester attachés à la Communion Romaine, suivez-là, j'y consens; conservez vos Eglises, vos Colléges, vos Académies: allez à la Messe, à Confesse, à l'adoration de la Croix tant qu'il vous plaira, je vous maintiendrai dans la jouissance de tous vos priviléges; mais la liberté que je vous laisse, vous ne saurez me la contester. Comme j'ai seul le droit de gouverner, c'est à moi de choisir mes Ministres, mes Confidens, mes Favoris. Les Réformés, à qui je suis redevable de la couronne, que vous m'avez refusée, ont droit à ma reconnoissance, & doivent avoir plus de part à mes bienfaits. Vous, cependant, ô Catholiques, quoique vous marchiez dans une voie d'erreur à mes yeux, je vais donner en votre faveur un Edit perpétuel & irrévocable, qui, sans vous exclure des charges, vous assurera le libre exercice de votre Religion, & vous maintiendra dans l'ordre civil au niveau de mes fidèles Réformés.

A ce discours, quelle réponse devaient faire les Catholiques ? Est-ce un Barriére, un la Ramée, un Jean Châtel, un Ravaillac qu'ils devaient charger de répondre par des coups de poignard ? Qu'on se rappelle la belle réponse des premiers Chrétiens à un Empereur qui les persécutait. « Ce n'est pas parmi nous, ô Prince, disaient-ils, qu'on trouvera » un Albin, un Niger, un Cassien, capables de » conspirer contre votre vie. Notre Religion nous » défend de faire, de dire, de penser, de desirer » du mal à qui que ce soit, à plus forte raison, à » nos Souverains, que le Ciel à placé sur nos têtes, » & que nous devons honorer & respecter quelque » mal qu'ils nous fassent. »

A moins que l'Evangile ne fût changé, n'est-ce pas le même langage que devaient tenir les Catholiques sous Henri Protestant ? Cependant si par une permission de Dieu, les affaires eussent malheureusement pris cette tournure, la Religion du Prince à la longue, serait devenue la Religion dominante. Louis XIII élevé dans les mêmes principes, eût suivi le même plan. Louis XIV imbu dès l'enfance des mêmes idées, n'eût regardé de bonne œil que les Protestans ; & si les flatteurs l'eussent engagé au bout de quarante ans à révoquer l'Edit favorable aux Catholiques, & à les forcer tous, sous peine de perdre tous les droits civils, à rompre avec Rome, & qu'on leur eût crié sans cesse ou le Prêche ou la Bastille. Qu'aurait-on dit ? Que c'eût été la plus criante injustice, une vexation atroce, une horrible persécution ; on aurait dit que les Catholiques étant en persécution depuis tant de siécles d'un état civil, on ne pouvait les en priver sans violer toutes les Loix, sans outrager Dieu & les Hommes, & l'on aurait raison.

raiſon. Mais pourquoi ne dit-on pas la même choſe en faveur des Proteſtans ? Dira-t-on que les Huguenots n'ont dans le Royaume qu'une exiſtence précaire, paſſagére, empruntée ; que celle des Catholiques, date de Clovis, quelle eſt de droit ; que la Catholicité eſt le caractére eſſentiel & diſtinctif du Royaume de France ; que tout Hérétique n'y eſt que comme étranger & paſſe-volant ?

Mais dans mon hypothèſe, outre que le Proteſtantiſme eſt, dès ſa naiſſançe établi en France ; voilà trois Souverains Proteſtans qui ſe ſuccèdent, qui ne ſont aſſûrément pas étrangers dans leur propre Royaume, & l'exiſtence de ſon vrai propriétaire en France n'eſt pas précaire & momentanée, & le Roi, parmi nous, eſt l'unique chef de la Légiſlation : or, étant maître de tout l'Etat, appartient-il à d'autres qu'à lui d'y recevoir ou d'en exclure qui bon lui ſemble ? Et quelle exiſtence fut jamais plus légale, que celle que donne le Légiſlateur ? Laiſſons, laiſſons aux Ultramontains la ſotiſe de croire que l'héréſie rend un Prince indigne de la couronne, & qu'il ſuffit pour détrôner un Roi, que le Pape l'ait excommunié. Nous autres Français, nous ſommes plus Catholiques que les Romains mêmes, puiſqu'ils s'écartent des maximes de l'Evangile, & que nous n'en ſuivons pas d'autres. Par conſéquent, ſi Henri IV eût porté le Proteſtantiſme ſur le trône, comme cela pouvait naturellement arriver ; ſi Louis XIII & Louis XIV, par un effet de leurs préjugés, l'euſſent autoriſé par leurs exemples & leurs Loix, les Catholiques aujourd'hui, ſeraient ſur le même pied que les Religionnaires ; vexés par des Déclarations fréquentes, pouſſés pour le bien de la paix à abjurer le Papiſme, tourmentés chez eux par des gens-de-guerre, ſans Temples, ſans Paroiſſes, ſans ſûreté, à la veille de paſſer chez l'étranger, obligés de s'aſſembler au déſert, contraints enfin, ou de subir des peines afflictives, ou de mériter le martyre par la patience. Prétendra-t-on que c'est-là le cas de combattre *pro aris & focis*? Mais contre qui? Contre son Roi? Est-ce-là ce qu'ordonne l'Evangile? Les Apôtres ont-ils jamais invité à la révolte contre les Césars? Les premiers Chrétiens, nos modèles en état de sécouer le joug des Empereurs idolâtres, ne se seraient-ils pas fait un scrupule même d'y penser? Entre la mort & le crime de lèse-Majesté, la Religion permet-elle de balancer? Le projet de la Ligue n'était-il pas criminel en lui même? Et Henri IV vainqueur, n'était-il pas en droit de faire couper la tête à ses chefs, & d'en punir les partisans? Remercions Dieu d'avoir garanti le Royaume d'une révolution si funeste: mais aussi n'ayons pas deux poids & deux mesures. Si, après trois règnes de l'hérésie en France, c'eût été une grande injustice, comme j'en conviens, de priver les Catholiques de leur état; convenons aussi que l'injustice n'est pas moindre à l'égard des Protestans, que l'on prive des mêmes avantages.

Remarquons au surplus, que toutes les consciences étant exposées à prendre la vérité pour l'erreur, & l'erreur pour la vérité, nous mettons le poignard dans la main de chaque particulier, si nous permettons & à la vérité de faire violence, & à la conscience de décider où est la vérité. Quel est le Roi Protestant qui ne pense pas avoir la vérité dans son parti? Et quel est le Roi Catholique, qui ne regarde pas comme hérétique le Protéstant? Depuis quand puise-t-on dans le for intérieur les règles d'un sage Gouvernement? Quand ce sont des hommes, qui gouvernent d'autres hommes, s'agit-il de peser dans la balance du ministère, les opinions religieuses des Particuliers? L'homme d'Etat n'a que la Loi de l'Etat devant les yeux, & cette Loi n'ayant pour objet que l'ordre extérieur, la différence des sentimens est tellement nulle pour lui, qu'il doit, sans balancer & tolérer les errans sages, & réprimer des défenseurs turbulens de la vérité.

Ici je demanderais volontiers à ceux qui veulent accorder des avantages à la vérité sur l'erreur, à quels traits le Gouvernement distinguera l'une de l'autre ? Une dispute de Religion s'élève en France ; deux partis se forment dans l'Etat ; le Royaume se partage ; on se prodigue réciproquement les titres d'Hérétiques, de Novateurs, de Sectaires, de Schismatiques. Les Zélantis de part & d'autre se disent seuls en possession de la vérité. La persuasion des deux côtés est égale, le ressort des consciences est partout mis en jeu, quel parti doit prendre alors le Gouvernement ? Celui de n'en prendre aucun. Des coups d'autorité de sa part de quelque côté qu'ils tombent, seraient de vraies injustices. Que faut-il donc faire ? Laisser un libre cours à la dispute, maintenir les antagonistes dans une égalité parfaite, ne sévir que contre la licence, borner les écrivains à la voie du raisonnement, punir les abus de la plume, ou de la presse, ne donner des lettres de cachet que contre ceux qui les solliciteraient, permettre à la controverse de développer toutes ses forces, & l'on verra bientôt ou les disputes tomber d'elles-mêmes, ou la vérité se faire jour, & triompher de tous ses adversaires.

Ah ! si Louis XIV eût été bien conseillé. A la première requête des Evêques intolérans, *il aurait répondu* : Messieurs vous avez des ennemis dans votre Eglise, nous en convenons ; mais leur haine théologique ne nous regarde pas : ils soutiennent des erreurs ; mais ces hérétiques sont nos sujets. Leurs cœurs sont gatés ; mais leurs bras nous sont nécessaires. Vous voudriez qu'on les exterminât ; mais nous en avons besoin pour le soutien de nos manufactures, de notre commerce, de notre agriculture, & pour les employer contre les Ennemis de l'Etat. Ils attaquent vos dogmes; mais vous avez vos armes spirituelles pour les défendre. Ils sont sourds à vos voix; eh bien; retranchez-les de votre Communion & priez pour eux. Envain tâchez vous de tourner le glaive que nous portons, il ne doit frapper que les malfaiteurs : s'ils s'avisent d'attenter à votre repos, & de voustroubler dans l'exercice de votre Religion; alors c'est une affaire de Police : portez vos plaintes & ils seront punis, non pas à titre d'Hérétiques, mais comme perturbateurs du repos public. Mais tant qu'ils vous laisseront tranquilles, ils ont droit à la même tranquillité. Il est vraiqu'ils sont dans l'erreur, eh bien! plaignez-les, tachez de les éclairer & de les gagner par persuasion : s'ils écrivent contre vous écrivez contr'eux. Défenseurs de la vérité, quelles victoires ne devez-vous pas vous promettre? Cependant commenous sommes persuadés que votre culte est le seul qui plaise à Dieu, vous pouvez compter non seulement sur notre protection; mais sur toutes les faveurs, dont nous sommes les maîtres; tandis que vos adversaires seront bornés aux simples avantages, que leur assurent les Loix, la Justice, l'humanité.

Voila ce qu'aurait du répondre Louis XIV aux sollicitations du Clergé; mais conclure que les Protestans étant Hérétiques, Schismatiques, Excommuniés, nos Rois sont en droit de les molester dans leurs biens, dans leur liberté, dans leurs personnes, dans leurs familles : que l'Eglise Romaine ne les reconnaissant plus pour ses enfans, la France doit les regarder comme étrangers dans son enceinte : la belle conséquence! Parce qu'ils ne veulent pas reconnaître l'autorité du Concile de Trente, l'on sera dispensé à leur égard de tout ſentiment d'humanité; nous ne leur devrons que des menaces, des coups, des mauvais traitemens; il leur faudra interdire le mariage, ou les priver des avantages de cet état, ou les leur faire acheter par des ſacriléges.

Parce qu'ils raiſonnent mal ſur l'écriture, ſur la tradition, ſur le culte des images, ſur la primauté du Pape; donc plus de ſociété entr'eux & nous, plus de confiance dans leur commerce, plus de rapport entre leurs familles & les nôtres.

Parce qu'ils ſont aſſez ſimples ou aſſez aveugles, pour ne pas voir dans la naiſſance de leur ſecte tous les caractéres de la ſéduction & du menſonge, & dans leurs premiers chefs des novateurs artificieux, jaloux, vindicatifs, ambitieux, qui les ont éblouis par les fauſſes apparence d'une belle réforme; donc les conceſſions, qui leur ont été faites par trois de nos Souverains ſont nulles de plein droit; donc la France doit les rétrancher de ſon corps comme des membres inutiles ſans talens, ſans induſtrie, ſans capacité.

En un mot, parce que les Proteſtans ſe font un bizarre ſcrupule de faire baptiſer leurs enfans dans nos paroiſſes, l'intolérance eſt pour nous de devoir. Parce qu'ils ont le malheur de marcher dans le chemin de la perdition, par un effet des préventions injuſtes qui les tyranniſſent, la charité nous ordonne donc de nous ſéparer d'eux par un mur éternel, & de rendre leur retour dans la voie du ſalut preſqu'impoſſible. Et l'on croit que la gloire de Sa Majeſté demande que nous raiſonnions auſſi mal.

Cependant ces raiſonnemens ſi ridicules par leur ſingularité, ſi révoltans par leurs inconſéquences réſultent de toutes les Ordonnances données contre eux. Car dès qu'on prétend qu'un corps d'hérétiques ſéparé de l'Egliſe par l'excommunication doit être auſſi ſéparé de l'Etat, & qu'en ceſſant d'appartenir à l'une, on cesse d'appartenir à l'autre : il est plus clair que le jour que c'est une proposition insoutenable de laquelle résultent toutes les conséquences que j'ai alleguées ci-dessus : proposition qui détruit nos libertés, attaque les droits du Souverain, ouvre la porte aux plus grands désordres, renverse l'œconomie de tous les Gouvernemens, & autorise tous les mauvais raisonnemens que nous avons fait en conséquence.

Or, tout bon Français doit rejetter avec indignation de pareilles propositions. Car de quel œil serai-je regardé par des gens sensés si je débitais de tels principes, & dans quels désordres n'ont-ils pas plongé tout le Royaume ? L'on m'avouera sans peine que toute Loi qui contraint la conscience des particuliers, est contre le bons sens & la raison. Toute Loi qui vexe des Citoyens, parce qu'ils sont dans l'erreur, est une Loi absurde. Tout Edit qui condamne à l'amende ou aux galéres quiconque ne pense pas en tout point comme le Pape & les Evêques, blesse l'humanité & le bon sens. Enfin toute Déclaration qui tend à dépouiller un Etat d'une portion considérable de ses habitans, qui jette la confusion dans des milliers de familles, qui s'oppose à la population, en annullant cent mille mariages, ou en facilitant la corruption des moeurs, qui jette enfin un peuple nombreux dans une détresse à ne savoir s'il doit sacrifier la conscience aux Loix, ou les Loix à la conscience : pour moi je soutiens que le plus mince politique ne balancera pas de la prendre comme un chef-d'œuvre d'impéritie & d'iniquité. Mais le mal est fait, il faudrait tâcher d'y remédier autant qu'on pourra.

Des avantages que le Gouvernement, &c.

Examinons à présent quels peuvent être les avantages que le Gouvernement pourrait procurer aux

Religionnaires, sans que le Clergé fût obligé en conscience de s'y opposer.

Je réduis à trois avantages ceux qu'on peut accorder aux Protestans, sans blesser les intérêts de l'Eglise, & sans occasionner de la part des Evêques une juste réclamation.

Le premier serait de regarder comme non avenus tous les Edits rigoureux donnés jusqu'à présent aux Religionnaires: Edits funestes, qui autorisent encore à poursuivre dans le Royaume deux millions de personnes, & à les inquiéter dans leurs biens, dans leur honneur, dans leurs personnes & dans leurs familles. Que trouvera-t-on dans l'abrogation de ces Edits, de préjudiciable aux intérêts de l'Eglise, & capable d'exciter le zèle de nos Prélats? Au contraire, cet article loin de souffrir la moindre contradiction, doit être reçu dans le Royaume avec une acclamation générale. Il met à l'aise, je ne dis pas seulement la charité, la justice & le bon sens, mais la nature & l'humanité qui respireraient enfin n'ayant plus à craindre ces vexations atroces qui sont contre le droit des gens. Le Clergé pourrait-il s'opposer à ce premier article sans couvrir d'opprobre la Religion Romaine, & sans afficher cet esprit persécuteur nommé si bien par S. Athanase, esprit de satan?

Le second article est que les Protestans mis à l'abri de toute vexation, & reconnus ainsi que les autres sujets du Roi, membres du corps politique, il faut nécessairement qu'ils se marient. Le mariage est de droit naturel; mais leurs préventions ne leur permettant pas de se marier dans nos paroisses, on peut par condescendance pour leur faiblesse leur permettre de le faire, après trois publications de bans à l'audience de la Jurisdiction prochaine, en présence de témoins, & devant le Juge de leur domicile; & quoiqu'on en dise, les Evêques n'auraient aucun droit de s'opposer à une telle permission; car je ne connais aucune décision de l'Eglise, qui déclare qu'il n'y a point de mariage, où il n'y a pas de Sacrement. Cette décision n'y est pas, parce qu'elle ne peut pas être. Toute la terre est couverte de mariages sans Sacrement, Hérétiques, Schismatiques, Juifs, Infidèles, Idolâtres, tous sont mariés, & point de Sacrement. Il est vrai que des Catholiques auraient tort de se marier de la sorte; mais la Loi de l'Eglise ne lie que ses enfans : notre Clergé est trop instruit pour croire qu'on ne puisse être mis sous le joug de l'hymen que par la main d'un Curé. L'union conjugale n'a-t-elle pas précédé l'institution du Sacrement? Le contrat civil, qui lie les soussignés, tire-t-il sa force de la bénédiction Sacerdotale? L'engagement mutuel des contractans devant des témoins autorisés, ne suffit-il pas pour l'indissolubilité du lien conjugal? Remarie-t-on ceux qui se convertissent, tant il est vrai qu'on les croit bien mariés? Qu'on dise tant qu'on voudra, qu'en se mariant devant un tribunal séculier on est privé des graces attachées au Sacrement; mais cette privation n'annulle pas l'engagement authentique & réciproque des contractans. Pourquoi donc nos Evêques se croiraient-ils obligés en conscience de regarder comme nuls, ou concubinaires des mariages que le Prêtre n'aurait pas bénis? De tels mariages n'étant pas de leur district, leur opposition serait déplacée. Ah! Si le Prince donnait une Loi contradictoire à celle de l'Eglise & destructive du Sacrement, ce serait-là le renversement des règles, & le cas d'une réclamation légitime de la part du Clergé. Le Prince ne pourrait sans-doute donner une telle Loi sans crime, ni les Evêques se taire. Mais il s'agit de deux millions d'Hérétiques dans le Royaume, qui séparés de l'Eglise ne reconnaissent ni le Sacrement de mariage, ni le Concile de Trente, n'eit-il pas à propos de prendre un parti à cet égard? Or je n'en vois que quatre, ou de les empêcher de se marier, ou de les forcer au Sacrement, ou de déclarer leurs mariages concubinaires, ou de leur permettre de se marier devant des Juges Séculiers ; le premier de ces partis est un outrage à la nature ; le deuxiéme une source de Sacriléges ; le troisiéme une insulte aux mœurs & un opprobre pour la nation : reste donc la quatriéme, qui non seulement me paraît légitime ; mais de devoir pour le Prince ; & pour les Evêques un sujet d'actions de graces. .

On ne peut pas refuser aux Protestans la liberté de conscience, qu'aucune puissance sur la terre n'est en droit ni d'accorder, ni de refuser. L'empire des consciences, ne connaît d'autre Souverain que Dieu, qui lui-même s'est en quelque sorte dépouillé de son pouvoir pour leur laisser une entiére liberté : un Edit pour asservir les consciences ferait rire jusqu'aux bonnes-femmes de la Halle ; les volontés ne connaissent point de chaînes ; mon consentement ou mon refus est dans la main de mon conseil ; les opinions s'insinuent, les vérités se persuadent, les sentimens ne se commandent pas : c'est ainsi que pensaient & parlaient les Fenelon, les Flechier. Nos Prélats sont trop sages & trop sensés pour penser & parler autrement. Ils savent que l'Eglise ne peut avoir de for intérieur, que la connaissance qu'on veut bien lui en donner : *Ecclesia non judicat de internis.*

Le troisiéme article regarde l'éducation de leurs enfans, qui suit naturellement du second article.

De ces mariages déclarés valides & consommés dans la paix, vont naître tous les ans des enfans. Qu'en ferons-nous ? Faudra-t-il les arracher d'entre les bras des Peres & meres pour les enfermer, les filles dans des Couvens, les garçons dans des Colléges, & les y élever dans les principes de la Communion Romaine ? Ne ſerait-ce pas déchirer les entrailles de la nature & attenter au droit du Créateur ? Si les Evêques faiſaient la moindre difficulté ſur cet article, on les regarderait ou comme des Barbares odieux, qui foulent aux pieds froidement les droits les plus ſacrés de la nature, ou du moins comme des êtres froids & apathiques, qui ne connaiſſant pas les tendres émotions d'un cœur paternel, ne s'imaginent qu'une peine légére pour des Peres & des meres de ſe voir privés du fruit de leur union. Qu'on ſe mette à la place de ces Peres infortunés, qui ſe ſont vus arracher leurs fils pour les élever, malgré eux, dans d'autres ſentimens que celui de leurs Parens ; qu'on juge à quel excès de déſeſpoir ils ſe virent pouſſés. On ne lit qu'avec horreur le détail de ces expéditions nocturnes, faites par des Archers & des Prêtres pour enlever les enfans des Religionnaires : on ne peut pas concevoir dans cette occaſion, ni la dureté des Français naturellement ſi doux, ni la tranquillité des Proteſtans, qui n'oppoſaient à ces violences, que des cris & des larmes. L'autorité paternelle, la plus ancienne de toutes, eſt ſi profondément gravée dans les cœurs des Peres & des enfans, que je ne connais aucune raiſon ſolide pour juſtifier leur cruelle ſéparation.

Il n'y a pas non plus aucune raiſon légitime pour priver les Peres de diſpoſer de leurs biens, & les enfans de celui d'en hériter.

Sur tous ces points, le cri de la nature eſt ſi vif & ſi puiſſant, que je traiterais ſans balancer de tyrannique toute Loi, qui donnerait atteinte à des droits auſſi ſacrés.

Il ſe préſente ici une obſervation à faire & qui n'échappe pas au Clergé : c'eſt que ſi l'on accorde aux Peres & meres la validité des mariages, & à leurs enfans le droit de recueillir leurs ſucceſſions, les Sectaires en possession d'un état heureux, paisible & permanent, vont se multiplier prodigieusement, se fortifieront peu-à-peu, & enfin prévalant en force sur les Catholiques, ils éleveront un trophée à leur Religion sur les débris de la nôtre.

Velut ægri somnia. Pourrait-on répondre, ce sont-là les rêves d'un malade, qui ne voit autour de son lit que des précipices. Que les Protestans se multiplient à la bonne heure, c'est ce que nous desirons; nos champs, nos ateliers, notre commerce, nos manufactures, notre mariné demandent des cultivateurs, des artistes, des élèves, des ouvriers, des matelots. L'homme d'Etat ne craint rien tant que la dépopulation, les déserts lui font peur : un peuple nombreux est la richesse d'un Roi; mais la multitude dans la suite prévaudra : quelle chimére! Ne peut-on pas assurer que malgré la fécondité des Protestans & le célibat des Catholiques, ceux-ci dans deux cens ans seront encore douze contre un? Et quand un politique embrasse deux siécles, il peut hardiment traiter de petit esprit quiconque s'égare dans le vague des contingens. Pour que le nombre des Protestans prévalût dans la suite, il faudrait supposer que les trois quarts de nos Catholiques se feront moines; & n'y a-t-il pas beaucoup plus d'apparence aujourd'hui que les trois quarts des Monastéres seront abandonnés?

Mais me dira-t-on devenus plus nombreux & par-là plus hardis, ils demanderont des charges, écriront contre nos dogmes, déclameront contre le Pape, attaqueront notre culte, aigriront les uns, pervertiront les autres. Eh bien! S'ils demandent des charges on les refusera; s'ils écrivent on leur répondra; s'ils déclament on les réprimera; s'ils invectivent on les punira; s'ils font des conquêtes parmi nous, ils feront donc des miracles? Car sans miracles comment attireraient-ils dans leur pauvre secte les Catholiques, qui ont pour eux les miracles de tous les siécles! Or on verra plutôt la fin du monde qu'un Thaumaturge chez les Proteſtans. Concluons donc que mes deux articles ne peuvent faire aucune peine au Clergé, l'abrogation des Loix pénales contre les Religionnaires, la validité de leurs mariages devant les tribunaux Séculiers, l'autorité paternelle maintenue ſur les enfans.

Mais ne pourrait-on pas en ajoûter une quatriéme en leur faveur? Que l'état civil des Proteſtans étant une fois établi ſur une Déclaration & mis ſous les auſpices des Loix, ce ſerait pécher contre la politique, & même contre la morale que de laiſſer un peuple ſi nombreux, reſter dans le Royaume ſans Religion, & l'on doit lui accorder la permiſſion de s'aſſembler pour prier Dieu en commun. Mais entendons-nous. Il n'eſt point queſtion ici ni de Temples, ni de Synodes, ni d'exercice public de Religion. Ainſi tous ces grands mots ſi propres à échauffer des têtes Catholiques, doivent être écartés, d'autant plus que les Proteſtans ne demandent point qu'on les leur accorde. Mais ſuppoſons pour un moment qu'il en fût queſtion; & voyons, de ſang froid, s'il ſerait bien raiſonnable que deux millions de citoyens appartenans à l'Etat, vécuſſent ſans aucune eſpèce de Religion: en quoi leurs priéres faites en commun nous offrent un ſpectacle digne d'indignation? On permet aux Juifs des Synagogues où l'on déclame contre le fils de Dieu & ſon Evangile. On permet même en Alſace la célébration d'un culte Hérétique dans le même Temple, où l'on vient d'offrir le Sacrifice de l'Agneau ſans tache. Si nous faiſons des conquêtes dans les Colonies on permet aux habitans d'aller comme auparavant ſe proſterner devant leurs Idoles; & nous nous ferions un ſcrupule de permettre à des milliers de Chrétiens de ſe réunir pour adorer le vrai Dieu, le remercier de ses graces, en demander de nouvelles; & implorer son secours pour la prospérité du Royaume & la gloire de son Souverain? Je ne conçois pas, je l'avoue, d'un côté cette tolérance vis-à-vis des Juifs, & de l'autre cette intolérance de cérémonies, à la vérité stériles en bons fruits; mais du moins sans aucun préjudice pour les mœurs, pour l'Eglise & pour l'Etat. Car enfin qu'est-ce qui se passe dans ces assemblées des Protestans? On y récite des priéres en mauvais Français; on y chante des Cantiques, ou des pseaumes, dont la poësie est assez plate; mais dont les sentimens sont bons, on y prêche une morale utile, on y rappelle l'institution de l'Eucharistie en figure, il est vrai; mais en mémoire de la passion du Sauveur & de sa mort; on y fait une quête pour les pauvres; on y instruit le peuple de la soumission due aux Puissances. Je ne vois rien dans tout cela qui doive tant irriter nos Evêques, ou s'attirer l'animadversion du Gouvernement.

A l'appui de cette réflexion, on peut en ajoûter une autre, qui me paraît décisive. Qu'on mette en paralèlle la permission de ces sortes d'assemblées avec leur prohibition, de quel côté sont les inconvéniens? Quoi! deux millions de citoyens en France, y viveront sans aucune édification, les uns pour les autres? Les peres & les meres, sans avertissement sur leurs devoirs? Des enfans sans principes & sans instructions? Des négotians riches, sans exhortation à l'aumône? Des païsans grossiers, des laboureurs ignorans sans lumiére & sans connoissance sur ce qu'ils doivent à leur Créateur, à leur Roi, aux Magistrats, à leurs familles, à eux-mêmes? Eh bon Dieu! que faudrait-il penser de la seconde génération? Ne serait-ce pas le moyen de former dans le sein de la France, un peuple ou de scélérats livrés à leurs passions, ou d'athées, sans frein & sans remords, ou de déiftes, fans idée d'une Providence, ou de fanatiques capables des plus grands excès, ou de fuperftitieux, jouets de mille extravagances?

IIe. OBJECTION.

Les Zélateurs Catholiques, tels qu'un Curé, placé à la tête d'une des plus étendue Paroiffe de Paris, a dit dans une occafion, où il s'agiffait de cet objet, qu'il réfulterait de grands inconveniens de la conceffion de ces affemblées. Il a ofé avancer que les Proteftans fuivent les principes d'une Religion qui entretient parmi eux cet efprit républicain, qu'ils ont manifefté tant de fois, accoutumés à examiner les Dogmes qu'on leur propofe de croire, ils voudront en faire de même à l'égard des Ordonnances, qui émaneront du Trône, & par ce moyen on ne pourra jamais compter fur leur foumiffion & fur leur attachement: il ofa avancer auffi que les Proteftans viendraient dans leurs affemblées en armes pour attaquer, ou fe défendre, ils y trameraient des complots contre le repos de l'Etat, ils y ménageraient des intelligences avec l'Etranger, ils fémeraient dans les Prêches des principes de révolte, ils fe concerteraient pour féduire les Catholiques du voifinage; & fi l'on permettait ces fortes d'affemblées feulement une fois la femaine, ce ferait autant d'outrages hebdomadaires qu'on permettrait contre la vraie Religion.

Le Lecteur judicieux peut bien voir que la politique de cet Eccléfiaftique était fondée en phantômes trop vains pour m'amufer à les combattre. Il a parlé du prétendu efprit républicain des Proteftans, il a répété en cela ce qu'il a entendu dire par les intrigans des Cours, qui ont toujours calomnié les opinions de ceux dont les actions font irréprochables.

Il ferait difficile de prouver, par l'histoire de ce prétendu esprit républicain des Protestans. Où est l'esprit républicain des Brandebourgeois, des Danois, des Suédois, des Saxons, des Palatins, des Hessois, des Wurtembergeois, des Hanovriens? Le Dannemarck est le seul païs de la terre, où la nation, solemnellement assemblée, a déféré à son Roi une puissance absolue, & le Dannemarck est protestant.

Lorsque la Suéde embrassa la Réforme, parce que *Gustave Vasa* le voulait; lorsque l'Angleterre se fit protestante pour que Henri VIII pût épouser sa maîtresse, ces Nations étaient-elles animées d'un esprit républicain? Les Républiques Suisses qui se sont formées dans un tems, où l'Europe était toute Catholique, sont partagées entre les deux Religions, comme entre le Gouvernement aristocratique; & la Démocratie, & les Aristocraties les plus absolues sont protestantes.

Quel Protestant a jamais porté sur son Souverain une main parricide? Quel Trône ont-ils ébranlé? Quand ont-ils profité de la faiblesse ou de la minorité des Princes, pour exciter des séditions dans l'Etat? L'Histoire nous montre en France un Chilperic détrôné par un Pape, un Louis & deux Charles déposés par les Evêques, deux Philippes luttant pour l'indépendance de leur Couronne contre les prétentions des souverains Pontifes, la plûpart des Catholiques du Royaume ligués contre les deux Henris, & soutenus dans leur révolte par la Cour de Rome; le dernier des Valois & le plus grand des Bourbons, assassinés par des Moines ou par leur suppôts, Louis XIV chassé, en quelque sorte, de sa Capitale par la faction d'un Prélat, & combien d'autres exemples semblables & plus effrayans encore dans toutes les autres Monarchies?

Quels pareils attentats peut-on reprocher aux Protestants ?

Les persécutions de Philippe II. & les cruautés inouies du meurtrier Duc d'Albe ont été la cause de l'établissement de la République de Hollande : mais la violation des priviléges de ces Provinces, l'établissement des impôts furent les sources des premiers troubles. Ce fut le Peuple qui se souleva le premier, comme le prouve le surnom de *Gueux*, donné aux premiéres associations. La Flandre s'était déja soulevée contre la Maison de *Bourgogne*, si les armées de Charles VI n'avaient battu celle du Brasseur *Artevelle* ; si la France entiére ne s'était unie au Duc de Bourgogne contre les Gantois, il y aurait eu une République en Hollande long-tems avant la naissance de Calvin.

Ne soyons donc pas si injustes que d'accuser les Religionnaires de France d'avoir fait, dans aucun tems, la moindre tentative pour altérer la Monarchie, & sécouer le joug de la Maison de Valois & de Bourbon. Disons hardiment, & sans crainte d'être démentis que les Gentils-hommes Français, les Banquiers de Paris, les Frabriquans de Nîmes, les Négocians de Bourdeaux, les Laboureurs de la Normandie (je ne parle ici que des Huguenots) sont tous pour l'Etat Monarchique, & sont très-éloignés des systêmes aristocratiques, ou démocratiques.

Cette chimére républicaine a si peu de réalité, que l'Histoire politique des Etats protestans offre même une singularité très-remarquable, c'est que tandis que dans les Etats Catholiques, le Pape, le Clergé, les Nobles ont mis tout en œuvre pour partager entre plusieurs l'autorité d'un seul, la plupart des païs Protestants ont employés les plus grands efforts pour réunir sur la tête d'un seul l'autorité de plusieurs. La Suéde vient d'en donner un exemple

ple frappant. Le Dannemarck a mis volontairement & librement dans les mains de son Prince le seul sceptre despotique qui existe légalement en Europe ; & le vœu du peuple de la Hollande n'a été parfaitement rempli, que depuis qu'il a vu rapprocher sa constitution républicaine de la Monarchique, par l'élection d'un Stadthouder héréditaire. Passons à présent à combattre le reste du raisonnement de ce Curé : il prétend que les Protestans viendraient dans leurs assemblées en armes pour attaquer ou se défendre, &c. Mais où prendront-ils ces armes ? Où sont leurs magasins à poudre, leurs arsenaux, leur artillerie ? La même déclaration qui leur permettrait l'assemblée n'aurait-elle pas soin de leur interdire jusqu'au moindre couteau ? Il a parlé de complots. Quoi ! devant des femmes, des enfans ? Voilà des conspirations bien conçues & bien conduites, & des trames avec l'Etranger : en effet, on doit bien redouter des intriguans aussi déliés, qui ne pensent qu'à leur commerce, & qui n'ont à cœur que le produit de leurs métairies & la durée de leur repos. Ils pervertiront les Catholiques : cela serait curieux de les voir séduire ceux de notre Communion en France, où ils seraient surveillés, tandis qu'à peine dans un siécle, en gagnent-ils un seul en Hollande, païs de liberté. Enfin que d'outrages, dit ce Curé, pour la vraie Religion ? Où seraient-ils ces outrages, tandis que la comparaison de nos deux cultes serait un hommage perpétuel de la misére à la magnificence, de la faiblesse à la force, du mensonge à la vérité ?

De plus, le Gouvernement ne pourrait-il pas prendre des précautions, si elles étaient nécessaires, ce que je ne crois nullement, les inspecter par les Intendans & leurs Subdélégués, & s'assurer de tout ce qui se passerait dans leurs assemblées ? Mais d'ailleurs il est, sinon absurde, du moins contre toute vraisemblance, de leur prêter en pleine paix des projets sinistres de sédition, lorsqu'aujord'hui, sous le glaive de la Loi, ils ne se réunissent au désert que par des vues de conscience.

Mais il n'est pas question de discuter les inconvéniens de ce Culte public, & avec éclat: peut-être trouverait-on que ces assemblées dans les Provinces, où les Protestans sont nombreux, pourraient, quoique sans trouble & sans dessein d'en exciter, donner des inquiétudes au Gouvernement; & dans cette hypothèse, si l'on voulait faire entrer le Culte pour quelque chose dans la nouvelle déclaration, il serait plus naturel de ne permettre qu'un Culte domestique dans des maisons particuliéres, où plusieurs familles se réuniraient sans bruit & sans éclat, pour remplir, selon leur rit, leurs devoirs de Religion. Un ou deux Ministres suffiraient dans chaque Province, d'où ils n'auraient pas la liberté de sortir, où étant connus, ils répondraient de la tranquillité de leurs Sectateurs; & où ne faisant presqu'aucune sensation, ils ne feraient point d'ombrage au Ministére. Par-là on écarte toute idée de Temples ouverts, d'érection d'Autels, d'exercice public de Religion, ou bien on pourrait former un rendez-vous dans le centre de chaque Province, ouvert & fermé par la main de la Police, éclairé par l'homme du Roi, qui ne donnerait pas même lieu au soupçon. Une douzaine de granges, qu'on appellerait, non pas des Temples, mais des Salles des Huguenots, si vous le voulez, en feraient l'affaire: une table dans le fond, & des bancs à l'entour en formeraient toute la décoration. Le jour & l'heure de l'assemblé fixés pour chaque semaine, ou chaque mois, n'occasionneraient ni incertitude dans les esprits, ni fausses mesures de la part du

Gouvernement. Tous les frais seraient à la charge des Religionnaires, qui ne craindraient pas de paier trop cher un tel avantage. Par-là vous rassurez l'esprit de deux millions de Sujets qui sont toujours en allarmès, vous vous épargnez l'odieux des Loix vexatoires & les dépenses des recherches toujours fatiguantes. Par-là vous ôtez aux consciences les entraves dont elles se plaignent ; à notre Clergé cet air de domination qu'on lui reproche ; & à nos Sanctuaires des profanations sans nombre, auxquelles ils étaient exposés ; par-là enfin, laissant un libre cours aux causes secondes dans l'ordre de la Providence, vous donnez, selon les règles d'une politique bien entendue, plus de consistence & de force à toutes les parties de l'Etat.

Mais, dira-t-on, & que pensera la Cour de Rome à la vue d'une déclaration qui procurerait aux plus grands ennemis de sa Communion l'avantage de vivre en paix dans le Schisme, & d'exercer, sans éclat à la vérité, mais sans crainte, un Culte en horreur à Dieu & à son Eglise ?

Mais de quoi Rome pourrait-elle se plaindre ? De ce qu'on observe les règles du droit naturel à l'égard d'une multitude d'hommes qui les réclament ? De ce qu'à l'esprit d'intolérance qu'on lui attribue, on substitue l'esprit de l'Evangile, qu'elle doit partout inspirer ? De ce qu'on écarte de nos Eglises des Hypocrites qui ne reçoivent nos Sacremens que par politique, pour en faire l'objet de leurs railleries & l'instrument de leur cupidité ? Quel tort peut faire à la Cour de Rome l'aggrégation de deux millions de Français tributaires au Corps politique, dont ils sont nés les membres ? Brise-t-on par-là, le moindre de ses encensoirs ? Attaque-t-on les prérogatives de la Thiarre ou de la Pourpre ? Quel droit Rome aurait-elle de porter un regard critique sur l'administration de la France ? Nos Rois n'exercent-ils pas dans une indépendance absolue un pouvoir qu'il ne tiennent que de Dieu ? Nous croira-t-on encore dans ces tems d'ignorance, où les foudres du Vatican rompaient les nœuds qui lient les peuples avec leurs Souverains ? Les Clefs du Royaume sont-elles en d'autres mains que celles du Prince, seul maître d'introduire dans ses Etats, ou d'en écarter qui bon lui semble ? Quelque respect que Louis XVI ait pour le Saint Siége, peut-il ignorer qu'il n'est point de Puissance sur la terre en droit d'augmenter malgré lui, ou de diminuer le nombre de ses Sujets ? Je sais bien que nos Monarques n'ont pas le pouvoir de garantir des anathêmes de l'Eglise ceux qui le méritent, ni de les effacer sur le front de ceux qui en sont frappés ? Mais peuvent-ils perdre celui qu'ils ont sur les Excommuniés ? Rome peut-elle leur contester le droit de valider leurs mariages, de légitimer leurs enfans, d'employer leurs bras dans la marine, leur courage dans le militaire, leur industrie dans les métiers, leur activité dans l'agriculture, leurs lumiéres dans les finances ? Et tous les Ultramontains du monde ne sont-ils pas dans l'impuissance de mettre dans la balance de notre politique le moindre poids, pour la faire pencher contre le gré du Souverain.

Et même sans se jetter dans des discussions épineuses sur les droits des deux Puissances, quelle apparence y a-t-il que Rome n'applaudisse pas à la sagesse de la déclaration dont il s'agit ? Un Pape éclairé, qui verrait tout en grand, & peserait au poids du Sanctuaire, les inconvéniens & les avantages pour l'Eglise du rétablissement civil des Religionnaires ne trouverait-il pas plus de probabilité dans ceux-ci que dans les autres ? Car enfin n'est-il pas visible, qu'en laissant les choses *in statu quo*, c'eſt nourrir le ſchiſme au lieu de l'éteindre, c'eſt perpétuer les ſcandales, au lieu d'y remédier. Si l'Ange ne deſcendait jamais pour remuer l'eau de la piſcine, les Paralytiques ne reſteraient-ils pas toujours dans le même état ? Où ſont les Négociateurs qui s'occupent aujourd'hui d'une affaire auſſi intéreſſante ? Où ſont les Miſſionnaires qui portent dans nos Provinces méridionnales quelqu'étincelle de charité, & aillent ſouffler un eſprit de vie dans cette Région de mort où ſont enſévelis nos freres errans ? N'eſt-il pas plus que probable que le bandeau d'erreur, que perſonne n'arrache, reſtera toujours ſur les yeux ? C'eſt donc à les voir périr miſérablement que nous ſommes condamnés; & Rome ne faiſant aucun pas vers eux, perd juſqu'à l'eſpérance de les voir s'approcher d'elle : au lieu qu'un changement dans leur état, en peut opérer un dans leurs diſpoſitions : les bienfaits du fils aîné de l'Egliſe ne formeraient-ils pas pour eux une pente douce vers la réunion ? La jouiſſance d'un bien-être qu'ils deſirent, ne ferait-elle pas propre à les faire revenir de leurs préventions ridicules contre les Catholiques ? Cette tache d'intolérance, qu'ils nous reprochent, ne s'effacerait-elle pas inſenſiblement à leurs yeux ? Le ſilence approbatif du Clergé à la vue de leur aiſance, & de leur proſpérités, ne leur ferait-il pas ſentir l'injuſtice de leur éloignement pour lui ? La liberté de conſcience accordée ne diſſiperait-elle pas, dans peu, toutes ces noires idées de deſpotiſme épiſcopal, & de tyrannie écléſiaſtique ? Les préventions une fois ſurmontées dans les eſprits, quelle facilité les cœurs n'auraient-ils pas pour ſe rapprocher ? Le commerce ſe reprend, les liaiſons ſe forment, on ſe voit ſans peine, on ſe parle ſans répugnance, on s'écoute avec plaiſir. Les conférences ſi bien ménagées avec Molanus, ſi mal rompues par Leibnitz, peuvent se reprendre avec plus de succès. Les difficultés se présentent sans doute; mais quand la modestie les propose, que la charité les discute, que la raison les éclaircit & qu'une autorité légitime les décide, l'unanimité n'est-elle pas enfin le résultat de toute dispute, où président la justice & la bonne foi? Les Protestans n'ont-ils pas des Ministres judicieux, & les Catholiques des Docteurs éclairés, qui déja d'accord sur la certitude d'une Eglise fondée par Jesus-Christ, la caractériseraient si bien, qu'enfin ils se réuniraient pour la trouver où elle est? La conquête des Ministres entraînerait infailliblement celles de leurs partisans. Quelques années pourraient suffire pour opérer une révolution si désirable. Et avec quelle joie de ce peuple d'excommuniés, nous verrions sortir un peuple d'Elus, qui nous édifieraient par leurs exemples, & nous précéderaient peut-être dans le chemin du Salut? Et il se trouverait que la déclaration du Roi, contre laquelle on s'élève, serait dans les vues de la Providence le premier anneau de la chaîne de leur prédestination. Rome alors aurait-elle à se plaindre? Et pensez-vous que le spectacle heureux donné par la France à toute l'Europe y serait vu sans émotion, & avec indifférence? Les Religionnaires de France devenus Catholiques, ne seraient-ils pas autant de trompettes, qui, faisant retentir partout le bonheur de leur changement, exciteraient dans les Etats voisins une fermentation salutaire? La Hollande, la Prusse l'Allemagne, la Suéde, le Dannemarck, feraient-ils des témoins insensibles d'une métamorphose qui n'a pour principe que le bon sens, ni pour objet que la félicité? Les hommes ne sont pas par tout des animaux raisonnables? Faut-il que l'esprit de parti les aveugle éternellement sur leurs vrais intérêts, & que, jouets de leurs préventions pendant trois siécles, ils le soient toujours? N'est-il pas tems enfin de renverser ces barriéres ridicules, qu'ont élevées de tous côtés les extravagances d'un Luther, & l'humeur vindicative d'un Calvin? Serat-il dit que deux hommes de cette trempe, méprisables à tant d'égards, auront haché toute l'Europe en mille Sectes différentes, sans que les Protestans aient le courage de se dire les uns aux autres : par quel charme sommes-nous donc aveuglés au point d'être ainsi les Victimes de deux écervelés, qui, sous prétexte de mettre par-tout la réforme, ont, au contraire, mis tout en combustion? Ne serions-nous pas plus heureux, nous & nos Sujets, de bannir cette discorde, source de tant de haines mutuelles, & de revenir tous au même point, où nos ayeux s'applaudissaient d'être dans le quinziéme siécle? Loin d'être réformés, comme on nous l'annonçait, les abus n'ont fait que multiplier la bigarrure des Cultes qui régne dans nos Etats, cette cacophonie de Religions n'est-elle pas une forte présomption contre leur légitimité? La nouveauté seule de tant de Séctes qui se contrarient, ne dévoile-t-elle pas, dans leur berceau, l'erreur qui les a enfantés? Après tout, la Banniére de Rome, si elle n'est pas sans tache, du moins est-elle la plus respectable par son antiquité? L'Eglise Catholique était à coup sûr avant Luther & Calvin. Sa voix seule autrefois se faisait entendre dans nos Etats, & si l'on creusait un peu avant dans nos Cimetiéres, ne sont-ce pas des ossemens des Catholiques qu'on y trouverait de tous côtés? Par quel esprit de vertige aujourd'hui suivons-nous l'Etendart d'un Moine défroqué, & d'un Curé atrabilaire, qui prêchaient eux-mêmes la présence réelle & les Indulgences, & qui visiblement n'ont seconé le joug de

Rome, que par dépit, humeur, jalousie, ambition & désir de vengeance ? Serons-nous donc assez ennemis de nous-mêmes, pour nous obstiner dans des querelles vicieuses dans leur principe, & funestes dans leur suite ? On ne doit rougir, quand on s'est égaré, que de ne point revenir sur ses pas.

Voilà ce que les Princes Protestans diraient dès ce moment, si le voile des préjugés n'offusquait leur entendement, & ne leur dérobait la lumière de la vérité; mais doutez-vous que ce voile ne tombât bientôt, si les Religionnaires parmi nous, gagnés par les bienfaits du Roi, par la tolérance du Clergé, par l'accueil de toute la Nation, venaient à leur donner le signal de la réunion ? Alors quelles larmes de joie répandrait le souverain Pontife, quel tressaillement dans Rome, à la vue d'un tel ébranlement dans le Monde Chrétien, occasionné par une simple déclaration de Louis XVI.

Des avantages qui résulteraient à l'Etat.

Jusqu'ici nous avons parlé des avantages que l'Eglise tirerait d'une telle déclaration, examinons un peu ceux qui en résulteraient pour l'Etat.

Il ne suffit pas de sentir & de déplorer les maux que nous éprouvons par le vuide que fait à la population & au commerce la révocation de l'Edit de Nantes; il faut songer aux moyens d'y remédier, il faut en trouver qui soient assez efficaces pour nous faire rentrer en possession de nos anciens avantages; la chose est très-possible, & je vais indiquer ces moyens.

La persécution suscitée contre les Protestans a été la seule cause de notre affaiblissement, & de l'aggrandissement de nos voisins, de la décadence de nos manufactures, ainsi que celle de notre commerce

(a) Il m'est facile de prouver maintenant, qu'en rendant aux Protestans une partie de leurs anciens priviléges, non seulement le Ministére remédierait à

(a) Ce qui mérite le plus le d'attention du Gouvernement ce n'est pas seulement le nombre des Refugiés (dont le nombre monte à plus de deux millions de personnes, depuis cette malheureuse révocation, jusqu'aujourd'hui;) mais ce sont, sur-tout, les avantages qu'ils ont portés chez l'Etranger: avantages, dont personne ne peut disconvenir, & qui, par une suite naturelle, ne peuvent qu'influer beaucoup sur toutes nos manufactures, & sur notre commerce en général. Avant la révocation de l'Edit de Nantes, la France remplissoit presque toute l'Europe du produit de toutes ses manufactures; & l'on peut juger par-là des sommes immenses que ce commerce faisait entrer dans le Royaume; toutes les Nations de l'Europe tiraient de nos manufactures & apportaient à leurs trésors: nos Ouvriers s'enrichissaient, le commerce fleurissait, les coffres du Roi se remplissaient, & le mettaient en état de soutenir ces guerres longues & ruineuses, que ses voisins, jaloux de sa puissance, lui suscitaient sans cesse, & dont la ressource qu'il trouvait dans la fidélité, la bravoure & les richesses de ses Sujets, le faisait toujours sortir avec gloire. Au milieu de la guerre, des forteresses redoutables s'élevaient de toutes parts pour garantir nos frontières de toute invasion: des armées nombreuses rendaient notre Monarque victorieux sur terre: des flottes formidables faisaient trembler les Puissances maritimes; & pendant que ces dépenses excessives semblaient avoir épuisé tous les coffres, la Cour la plus magnifique, les Fêtes les plus brillantes, & des bâtimens superbes annonçaient l'abondance dans le Royaume, & attiraient une foule d'Etrangers dans la Capitale.

Quelle différence de ces tems aux nôtres! Les Etrangers ont profité de nos fautes. Les Refugiés Français ont élevé chez eux des manufactures de toute espèce. L'Angleterre, la Hollande, le Dannemarck, la Suéde, les Etats du Roi de Prusse & ceux de l'Empereur non seulement peuvent se passer de nos marchandises; mais l'entrée des étoffes provenantes des Fabriques de France y est même sévérement défendue.

tous les maux que la révocation de l'Edit de Nantes a occasionnés ; mais qu'il procurerait encore par-là au Royaume les avantages les plus considérables & les plus solides.

Et qu'on ne dise pas que je charge ici le tableau, & que le mal n'est pas, à beaucoup près, si grand que je le fais paraître. Qu'on lise ce que le Comte de Boulainvilliers en dit, d'après les Mémoires de quelques Intendans. Mr. de la Bourdonnaye déclare qu'avant la révocation de l'Edit de Nantes, il se faisait à Caudebec, Neufchâtel & autres endroits un grand débit de chapeaux foulés, qui passaient dans le Nord, en Hollande & en Angleterre ; mais que depuis la révocation, les Refugiés ont établi dans ces Païs des Fabriques qui ont ôté le débit de celles de Normandie ; qu'autrefois il abordait à Rouen beaucoup d'Etrangers, surtout d'Hollandais, & que plusieurs s'y établissaient au grand avantage du commerce ; mais que la révocation de l'Edit de Nantes les a fait retirer. Mr. Foucault, Intendant de Caen, annonce que le commerce est extrêmement diminué dans cette Généralité depuis 1685 ; que la retraite des Religionnaires qui étaient les plus forts Marchands, ayant enlevé presque tous ceux qui étaient en état de le soutenir, ceux qui sont restés n'ont pas eu la force de le rétablir. Mr. de Maupeou d'Ablége, Intendant en Poitou, écrit au Gouvernement qu'on avait établi au Bourg de Cologne en Poitou une manufacture de droguets ; mais que la retraite des Huguenots qui en soutenaient tout le commerce, l'avait presqu'aussitôt ruinée ; qu'au Bourg de la Chataigneraye, il y avait aussi une manufacture, mais qui avait souffert le même déchet par la même cause. Mr. de Beron, Intendant de Bourdeaux, assure qu'à Clerac en Guyenne, le commerce était très-vif avant la révocation de l'Edit de Nantes ; mais que depuis, plusieurs des meilleurs Marchands avaient été obligés de se retirer ; que le commerce de Nerac, qui se soutient par la navigation de la Baye, avait beaucoup souffert par la révocation, parce qu'elle avait ruiné ou fait fuir les principaux Marchands. Quel changement enfin que celui que Mr. de Miromesnil, Intendant de Tours nous annonce, en disant qu'à Tours, avant cette révocation funeste, la seule manufacture de soie faisait travailler huit mille métiers & sept

Je n'examine pas maintenant s'il conviendrait de restituer aux Protestans tous les priviléges, qu'on leur avait accordés autrefois, c'est à la prudente sagesse du Monarque qui nous gouverne à décider sur les bornes de la liberté de conscience, dont on pourrait les faire jouir. Mais qu'on leur permette seulement d'avouer publiquement la Religion qu'ils professent dans le cœur; qu'on leur prescrive une maniére de se marier qui ne blesse point leur conscience en les rendant traîtres aux deux Religions; qu'on les délivre de la frayeur continuelle, où ils se trouvent de voir mettre en exécution les rigueurs des Loix, toujours existantes touchant leurs enfans, leurs biens & leurs personnes: en un mot qu'on leur accorde les mêmes avantages, que l'on ne refuse pas aux Juifs, & vous verriez les effets que cette clémence produirait sur un Peuple qui est porté d'inclination pour son Monarque & pour sa patrie.

On a beau vouloir se le dissimuler, le Ministére sait, à n'en pouvoir douter, que les émigrations, loin d'avoir cessé, augmentent depuis la paix plus fort que jamais pour aller peupler les Colonies li-

---

cens moulins, qu'elle occupait vingt mille Ouvriers & plus de quarante mille autres personnes pour dévider de la soie, & que le le tarif de la soie de Tours montait alors, tous les ans, à dix millions de livres: mais que depuis la révocation il ne subsiste plus que douze cens métiers & soixante-dix moulins, & qu'on n'y emploie plus que quatre mille personnes; que la rubannerie, qui, avant 1685 avait seule trois mille métiers, n'en avait, depuis cette époque, que soixante. Voilà des faits que personne ne sauroit révoquer en doute, & dont je pourrais très-facilement augmenter le nombre, en parlant de la diminution bien plus frappante, survenue dans le commerce de Nîmes, de Lyon, de Marseille, & d'autres endroits considérables du Royaume.

bres des treize Etats unis de l'Amérique ; & s'il est avéré que la crainte seule que quelque Intendant ou Subdélégué fasse mettre en exécution ces Ordonnances contr'eux, les oblige de quitter leur patrie, il est incontestable aussi que la moindre lueur d'espérance les déterminerait à y rester ; que serait-ce si on les rétablissait réellement dans une partie de leurs anciens priviléges ?

S'il est des Hypocrites parmi eux qui nous trompent, & qui par une abjuration simulée, obtiennent enfin la permission de se marier : S'il en est d'autres, qui bravant les événemens, préférent de se marier clandestinement devant les Ministres du desert, & s'exposent par-là, non seulement à la rigueur des Loix pénales, mais encore à la honte de voir leurs enfans déclarés illégitimes & incapables de succéder par la Loi ; il en est infiniment davantage, qui aiment mieux s'expatrier ou renoncer au mariage que de troubler ainsi leur repos. Or par la retraite des uns, & par le célibat des autres, l'Etat n'est-il pas privé d'un nombre infini de Sujets dont il pourrait tirer les services les plus importans ? Qu'on leur permette au contraire de se marier, & qu'on leur accorde les droits sacrés de Pere & de Mere, on verrait dès la premiére année célébrer plus de cent mille mariages, dont la progression est aisée à calculer, & qui, pour le moins, fourniraient par an une cinquantaine de milliers d'Habitans de plus au Royaume. Quelle pépiniére pour la culture de nos terres, pour le soutien de nos manufactures, & sur tout pour l'augmentation de nos forces de terre & de notre Marine.

Qu'on me permette de m'arrêter à ce dernier article, qui, dans le systême politique d'aujourd'hui, mérite le plus notre attention. La paix vient d'être faite, Dieu veuille qu'elle soit constante & durable ; mais l'Angleterre soutient toujours sa Marine : la France ne doit pas s'endormir sur ce sujet, & doit en faire autant. L'on sait que la plûpart des côtes de la Normandie ne sont habitées que par des Protestans ; & que depuis le Poitou, jusques à Bayonne, les trois quarts pour le moins des Habitans des côtes professent la même Religion. Le voisinage de la mer fait que ces gens ne s'appliquent qu'à la navigation. Les Anglais ne peuvent pas se suffire à eux-mêmes, & ont besoin d'étrangers pour Matelots : rien de si facile que le passage de la Mer à des gens qui veulent s'échapper. L'intolérance nous engagera-t-elle à renforcer nos rivaux pour qu'ils reviennent à la charge, & les mettre en état de rompre tout traité, tandis que nous pourrions conserver nos Matelots pour les combattre en cas qu'ils veuillent redevenir orgueilleux ? & que, profitant des avantages que la nature & la justice nous donnent sur eux, nous pourrions leur faire craindre un Pavillon, auquel, avant cette derniére paix, ils n'ont pas cessé d'insulter ? Je sais que la France n'a jamais manqué d'hommes pour équipper les flottes les plus formidables : mais qui ne sait aussi que l'Angleterre est bien éloignée d'avoir les mêmes avantages, qu'elle a besoin d'Étrangers pour completter ses Matelots ; que pour les attirer, elle n'épargne ni peines, ni dépenses, & que peut-être le nombre de ses Vaisseaux serait réduit à moitié sans le secours des Français, Allemands & Hollandais ? Profiteront-ils toujours de nos fautes ? & n'est-il pas tems que le passé nous fasse ouvrir les yeux sur l'avenir ?

Il en est de même de ce qui regarde nos Troupes de terre : le Français est né soldat, la gloire le guide, sa bravoure & sa fidélité sont à toute épreuve : en conservant les Habitans du Royaume, en augmentant leur nombre par les voies légitimes, c'est-à-dire, en procurant aux Protestans les moyens de vivre dans leur patrie sans crainte pour leurs personnes, & sans inquiétude pour leurs familles & pour leurs biens, ne pourrait-on pas se passer d'un grand nombre de Troupes étrangéres & mercénaires, dont l'entretien coûte beaucoup plus que celui des nationnales, & dont la plûpart est infiniment diminuée par les désertions, au moment que leur service nous devient le plus indispensablement nécessaire? Car si l'on excepte de ces Corps les Suisses naturels & les Sujets que l'Alsace & la Lorraine peuvent nous fournir, peut-on compter raisonnablement sur les autres que l'intérêt, le libertinage ou la débauche nous ont amenés, & que les mêmes motifs nous enlévent à la même occasion? Le service par ce moyen est gêné, & le succès des opérations devient douteux : tandis qu'en ne menant en campagne que des Troupes nationnales, nous ne serions pas exposés aux mêmes risques, & que nous pourrions nous assurer de la réussite, non seulement par la bravoure naturelle de nos soldats, mais encore par le zèle que leur inspire la gloire du Souverain, l'honneur de la patrie & la conservation de leurs propres foyers? Et si c'est une politique de ménager les Sujets du Royaume, en prenant des Etrangers à la solde, n'en serait-ce pas une bien plus grande de tâcher de se suffire à soi-même sans avoir besoin de recourir à autrui?

Cette réflexion me conduit naturellement à une autre, qui mérite toute l'attention du Gouvernement. Je n'ai parlé jusqu'ici que des Sujets que l'on pourrait conserver dans le Royaume, en leur accordant la liberté d'y vivre selon leur conscience; mais que dirons-nous lorsque nous jetterons les yeux sur cette foule de Protestans Français qui sont sortis de leur patrie, qui ont peuplé les Païs étrangers, qui s'y sont établis; mais qui n'y demeurent qu'à regret, & qui ne demandent pas mieux que de revenir en France, s'ils prévoyaient seulement la moindre apparence de soulagement.

Que ce soit simpathie, préjugé, ou vérité, tout homme aime sa patrie, & le Français a cet avantage sur les autres nations, que la beauté du climat, la fertilité du sol, l'affabilité de ses compatriotes, & la douceur du Gouvernement justifient l'éloignement qu'il a pour toute domination étrangére.

Quels maux ne faloit-il pas faire éprouver aux Protestans pour les déterminer à renoncer à leur patrie? Nés sous le Ciel heureux de la France méridionale, ils ont été chercher un azile dans des climats de brouillards & de neiges; les vieillards, qui nés dans ces climats, regrettent même dans un Gouvernement libre les douces influences d'un soleil qui a brillé sur l'enfance de leurs Peres, les fils des réfugiés, qui regardent encore la France comme une terre promise, dont le courroux passager du Ciel les a écartés; ceux mêmes dont les Peres ont combattu contre nous à *Hockstet* & à *Ramillies*; mais dont le cœur a besoin de pardonner à leur patrie & d'en obtenir grace, tous ces hommes qui brulent de pouvoir consacrer à un fils de Henri IV leurs richesses, leurs talens leurs vies, seront-ils de mauvais citoyens, lorsque leur patrie leur sera rendue? Avec quelle joie ne retourneraient-ils pas dans leur païs natal, s'ils pouvaient s'y promettre une espèce de tolérance?

C'est aux Puissances ennemies de la France à redouter la révocation de ces loix. L'impossibilité de troubler la France, en réveillant le fanatisme des Protestans, ou de la dépeupler en les séduisant; la population augmentée d'un nombre infini d'étrangers riches & industrieux, si pourtant ce nom d'*étranger* peut leur être donné ; l'acquisition de tous les secrets que l'industrie de nos voisins nous cache encore, tous les maux de la révocation de l'Edit de Nantes réparés en un instant ; un million de citoyens rendus à la patrie, deux autres millions rendus au bonheur, & animés pour le bien de l'Etat d'un zèle nouveau. Tels sont les effets d'un changement heureux, & voilà ce dont la *superstition* décorée du nom de *politique* voudrait nous priver.

Et qu'on ne dise pas que les enfans nés des anciens Religionnaires, & élevés chez l'étranger, ont oublié le lieu de la naissance de leurs Peres, qu'ils ont contracté le goût & l'habitude du païs, dans lequel ils vivent, & que jamais ils ne retourneraient en France, quand même ils n'auraient rien à craindre pour leur conscience & pour leur tranquillité. Pour faire cette Objection il faut n'avoir jamais connu les Protestans réfugiés. Quant à moi qui les ai vus de près, & qui connais leur façon de penser, je puis protester que de cent il n'y en pas dix qui ne souhaitent de tout leur cœur de retourner en France. La premiére nouvelle d'une tolérance accordée à leur Religion les ferait revenir par milliers de tous les côtés, & avant l'espace de dix ans nous en compterions pour le moins un million de plus dans le Royaume. Quel avantage que cette augmentation d'habitans pour un Royaume tel que le notre! Et si l'on en reconnaît l'importance, à quel prix ne devrait-on pas se le procurer?

Mais que dis-je, la conservation des sujets du Roi, le retour de ceux, qui ont quitté la patrie, la diminution des forces des voisins jaloux de la gloire de notre Monarque, & l'augmentation certaine du nombre de ses sujets, ne sont pas les seuls avantages, que je regarde comme des fruits inséparables de la tolérance. Il en est d'autres qui sont bien plus considérables

ſidérables ; & auxquels on n'a peut-être jamais penſé. Tout le monde convient que la décadence de nos manufactures, la diminution de notre commerce, & par conſéquent des richeſſes du Royaume, ne proviennent que de la perſécution ſuſcitée contre les Proteſtans, & de la néceſſité où on les a réduits de chercher un azile dans les païs étrangers. Chacun ſait que la plupart des manufactures établies chez les autres nations ne doivent leur état floriſſant qu'aux Français réfugiés ; mais ce que tout le monde ne ſait pas, & ce que je puis aſſurer comme une vérité très-certaine, c'eſt que ces mêmes manufactures ne ſe ſoutiennent encore aujourd'hui que par les Français, & qu'elles tomberaient dès à préſent, ſi l'on facilitait aux Proteſtans les moyens de rentrer & de vivre dans leur patrie.

En effet, j'ignore ſi c'eſt la politique des réfugiés, ou l'indolence & la ſécurité des peuples, chez leſquels ils ſe ſont retirés, qui en eſt la cauſe ; mais le fait exiſte, les manufactures étrangéres ne ſauraient jamais ſubſiſter ſans le ſecours des Français. Le Pere ne tranſmet ſa ſcience qu'à ſon fils, les ouvriers qu'il emploie ſont Français, & leur nombre au lieu de diminuer, augmente tous les jours par les rigueurs toujours exiſtantes des Loix, & par les promeſſes magnifiques dont on ſe ſert pour les attirer. (a)

(a) *Il n'y a que quatre ans que je reviens des cours du Nord, & j'ai trouvé à Erford trois familles nombreuſes de fabricans de Gaze, qui paſſaient à Berlin pour y établir des manufactures, je leur ai demandé quelle raiſon ils avaient de quitter leur Patrie ; ils me répondirent qu'ils étaient Proteſtans, & que le Roi de Pruſſe leur avait fait un ſort heureux, qu'ils pourraient tranſmettre en toute ſûreté le fruit de leurs travaux à ces enfans, qu'ils menaient avec eux.*

Mais heureuſement pour la France; c'eſt que les naturels du païs jouiſſent du travail des Français ſans ſonger à profiter de leur ſcience. Cette vérité préſuppoſée, l'on conviendra avec moi, que les manufactures étrangéres tomberont néceſſairement, dès qu'on les ſappera par les fondemens, en frayant aux ouvriers le chemin de leur patrie. Et ſuppoſons qu'il en dût reſter quelques-unes, leur nombre très-médiocre, & la mauvaiſe qualité de leurs productions mettraient toujours les étrangers dans la néceſſité d'avoir recours à la France, comme à la premiére ſource. Pas un Proteſtant ne ſongerait plus à ſortir du Royaume. La Suiſſe ne fournirait plus cette quantité prodigieuſe de contrebande, qui inonde toutes nos Provinces. La Hollande, l'Autriche, l'Angleterre, le Dannemarck, la Suede & la Pruſſe feraient obligés de révoquer les Arrêts, qui défendent l'entrée des marchandiſes de France dans ces Etats. Les étrangers viendraient eux-mêmes dépoſer leur argent dans nos coffres, l'induſtrie ſerait récompenſée, le Négociant s'enrichirait, les droits du Roi augmenteraient de jour en jour, le commerce fleurirait, la puiſſance & la gloire de la Nation s'étendraient, & le bonheur général de tous les Français repoſerait ſur des fondemens inébranlables.

Pour nous convaincre enfin des avantages de la tolérance en général, & pour appuyer les raiſonnemens par des faits, conſidérons les états de l'Europe, qui au lieu d'établir chez eux une eſpèce de Monarchie ſpirituelle, ſe ſont au contraire déclarés pour la liberté de conſcience. Nous connaiſſons la Grande Bretagne, & nous ſavons qu'elle ne peut entrer en comparaiſon avec la France, ſoit pour le nombre d'hommes, ſoit pour l'étendue des Provinces qui ne dépendent, ſoit pour les productions du païs, ſoit enfin pour ſa ſituation à l'égard du commerce. Cependant malgré cette infériorité si marquée & si générale, ce Royaume a trouvé en lui-même des ressources assez fortes, pour soutenir cette dernière guerre, l'une des plus ruineuse, & pour entretenir à elle seule des flottes assez formidables pour oser braver la France jointe à l'Espagne, à la Hollande, aux treize États-Unis de l'Amérique & à la Puissance de l'Asie.

D'où viennent ces ressources considérables, si ce n'est du commerce qui les lui fournit ? Mais ce commerce lui-même d'où provient-il, si ce n'est de la tolérance qu'on accorde à tous les habitans ? Le Catholique, le Protestant, le Juif, le Quaker y vivent dans une union & dans une tranquillité parfaite. Persécutés chez les autres Nations, ils trouvent à Londres un asile contre les Inquisiteurs & contre leur Tribunal sanguinaire. Obligés d'y vivre, leur industrie va au-devant du besoin ; persuadés que personne ne les troublera dans la possession tranquille de leurs acquisitions, & assurés qu'ils pourront transmettre à leurs enfans le fruit de leur travail, chacun en s'occupant pour son intérêt particulier, contribue de son côté au bonheur général. Les campagnes sont cultivées, les arts sont récompensés, le commerce fleurit, & la Nation est une des plus puissantes de l'Europe.

Ajoutons à cet exemple un autre bien plus frappant encore. Considérons les habitans des Provinces-Unies. Soumis à l'Espagne, & ne songeant qu'à mener une vie tranquille & ignorée un peuple d'artisans, & des pêcheurs ose lever le bouclier contre les tyrans qui l'oppriment. Excités à la révolte par les procédés barbares de l'inquisition, ils aiment mieux périr les armes à la main, défendant leur liberté, que d'être immolés sur un bûcher à la fureur d'un Moine sanguinaire. Le succès répond enfin à la justice de leur cause. La fierté du cruel Duc d'Albe est obligée de céder : soutenu par la France, & conduit par un Prince aussi sage que courageux, l'heureux Batave triomphe des Espagnols, & secoue le joug de l'inquisition. Mais après avoir ressenti par lui-même les funestes effets de l'intolérance ; comment ce peuple aurait-il pu devenir intolérant à son tour ? Aussi s'est-il gardé soigneusement de tomber dans les fautes de ses anciens maîtres, au lieu de les imiter, il les a mises à profit, & il tendit les bras à tous ceux qui demandaient d'être admis au nombre de ses citoyens. Pour jouir de ce droit, il suffisait d'être homme & vertueux. Le Catholique y a élevé des Eglises, le Protestant y a bâti des Temples, le Juif y a construit des Synagogues : tous ensemble se sont embrassés comme freres ; chacun a servi Dieu, selon les lumiéres de sa conscience, les disputes ont été renvoyées dans les Ecoles ; & par cette union charitable & ce support mutuel, chaque jour a vu croître le nombre de ces fortunés habitans. Leur commerce, leurs richesses, & leur Puissance se sont augmentées à vue d'œil, & dans l'espace tout au plus d'un demi siécle, la Hollande parvint à couvrir l'Océan de ses flottes, à rendre son nom respectable en Europe, & à se faire craindre jusque dans le fond de l'Asie.

Qu'on oppose à ce tableau celui de l'Espagne, à qui on n'a donné le nom de Catholique, que lorsqu'elle a cessé de le mériter ; & lorsque par sa conduite, elle a commencé à prouver qu'elle ne respirait rien moins que les principes du maître charitable, dont nous devons être les disciples. Rien ne manque à ce grand Royaume pour être dans l'état du monde le plus florissant & le plus formidable. Nous savons quelle résistance il fit autrefois aux armes victorieuses de Rome, & de quelle ressource il a été par la suite à cette Capitale du monde ; après qu'il eut été réduit en Province. Envahi dans les siécles suivans par un essain de Barbares, saccagé & ruiné par des guerres intestines, il s'est toujours relevé de ses désastres par la fertilité de son terrein, par le zèle industrieux de ses habitans, & par sa situation favorable pour le commerce. Mais l'inquisition y arbora son étendart : Ferdinand écouta sa voix funeste. Il ne suffisait pas d'avoir vaincu les Maures, il fallait les expulser du Royaume, & pour achever de le dépeupler, on résolut aussi d'extirper les Juifs. En employant les moyens que la Religion dicte pour éclairer cette nation aveugle, on aurait rempli les devoirs de charité, auxquels nous sommes tous obligés. Mais prêcher l'Evangile la torche à la main, dévouer aux flammes ceux qu'on ne peut convaincre, exercer les cruautés les plus inouïes sur des malheureux, qui n'ont d'autre crime que celui de n'être pas de notre sentiment, & prétendre par-là rendre un service agréable à la Divinité ; c'est blasphêmer le Dieu que nous servons, c'est ruiner la Religion que nous professons, c'est renoncer à la qualité d'hommes ; c'est être plus cruels que les Léopards & les Tigres. Aussi l'Espagne s'est-elle ressentie des maux qu'elle a fait souffrir à ces malheureuses victimes du zèle Dominiquain. Ses Provinces autrefois si peuplées ne sont aujourd'hui qu'un vaste desert. Les villes manquent d'habitans, & les campagnes de cultivateurs : Les terres les plus fertiles par elles-mêmes, faute de laboureurs, ne présentent à la vue, en bien des endroits, que des champs stériles, qui semblent reprocher aux habitans leur ingratitude. Le sage Comte de Olavides a voulu essayer dans le canton, dont il avait l'Administration & l'Intendance, de faire sentir les avantages de la douceur Evangélique, & le bien qui peut résulter pour un Royaume, de suivre les maximes d'un Dieu de paix ; mais il a payé cher son zéle patriotique; la foudre formidable de l'inquisition a tombé sur lui, elle a étouffé la voix du Patriote. Le Jésuite Nicolas est couronné, & Olavides gémit dans les cachots de l'inquisition.

Il en est de même du Portugal. Séduit par la contagion du voisinage, il a subi le même joug, & le tribunal de l'inquisition y exerce encore aujourd'hui son Empire, en bravant les Enfers qui semblent s'être ouverts pour l'engloutir. Enfans détestables des ténèbres! Opprobres de la Religion! Fléau des humains! Malheureux esprits persécuteurs, régnerez-vous toujours sur des Peuples, qui font profession d'adorer un Dieu de charité & de paix, & qui savent que jamais ils n'auront part à ses promesses, qu'en marchant sur ses traces?

Terminons helas! terminons ce tableau, qui ne peut nous inspirer que de l'horreur, & que je n'ai pu retracer, sans sortir de mon caractére.

IVe. OBJECTION.

L'on prétend que la gloire de Louis XVI est intéressée à ne point révoquer ce que Louis XIV a fait, & ce que son aïeul, Louis XV a confirmé par ses Ordonnances.

J'avoue que j'ai hésité pendant quelque tems de répondre à cette objection; parce que j'ai encore de la peine à me persuader, qu'on la propose bien sérieusement. La gloire d'un Monarque consisterait-elle donc à maintenir invariablement tout ce que ses Prédécesseurs ont fait, quelqu'inconvénient qui pût en résulter pour l'Etat? Oserait-on soutenir cette thèse sans prononcer contre Louis XIV? Ce Prince n'a-t-il pas cru pouvoir révoquer l'Edit irrévocable de son aïeul?

Envain me dira-t-on que l'époque la plus glorieuse du règne de ce grand Roi a été celle où il parvint à l'extirpation de l'Hérésie en France : envain fera-t-on valoir les trophées qui ont été élevés à cette occasion dans le Royaume, les félicitations que ce Monarque a reçu de toutes les Puissances Catholiques, la satisfaction particuliére qu'il doit avoir ressentie de la conversion d'un si grand nombre de ses sujets & les chants de victoire, qui retentirent alors dans l'Eglise.

Que deviendront ces acclamations & ces triomphes, s'il est prouvé aujourd'hui que le nombre des Protestans est pour le moins aussi fort qu'il était en 1685 ? Que les violences exercées contr'eux n'ont fait que des hypocrites & des relaps ? Que les listes nombreuses des nouveaux convertis, qu'on a osé produire, ne contenaient que des signatures extorquées par les Dragons ? Que les Intendans intimidés, ou séduits par les premiers auteurs de ces persécutions, ont contribué par leurs rapports à surprendre la Religion du Souverain ? Et que Louis XIV enfin, croyait l'hérésie extirpée dans son Royaume, lorsqu'il fourmillait encore de Protestans ?

Au lieu donc de joindre nos acclamations à celles des Zélateurs outrés : au lieu d'immoler à la flatterie le bien de l'Etat, déplorons plutôt les maux, dont ce funeste Edit révocatoire a éte la cause : maux, qui ne peuvent que pénétrer de douleur tout véritable Français : maux, qui ne seraient jamais arrivés, si la vérité des faits avait pu franchir les barriéres qu'on avait mises entr'elle & le trône : maux, qui auraient fait verser des larmes à ce grand Prince, dont la magnanimité est connue de tout le monde : maux enfin, dont il aurait assûrément arrêté le cours, s'il en avait pû prévoir les funestes suites, & s'il eût pu entendre les cris des malheureux qui les enduraient.

Or, la vérité étant exposée aujourd'hui au grand jour, la malheureuse condition de trois millions de Protestans dans le Royaume étant connue du ministére, & le motif du fatal Arrêt prononcé contr'eux n'ayant jamais existé, & n'existant pas davantage aujourd'hui; quel deshonneur y aurait-il de le révoquer? L'humanité n'exige-t-elle pas au contraire, qu'on adoucisse le sort d'un nombre si considérable de citoyens, qui sont, non-seulement utiles; mais qui sont même indispensablement nécessaires à l'Etat: qui sont zèlés pour la gloire de notre auguste Maître: qui sont prêts à verser pour son service jusqu'à la derniére goute de leur sang, & à qui on ne peut reprocher d'autre crime, que l'attachement aux opinions de leurs Peres!

Mais sera-t-il dit dans nos annales que Louis XVI a fait revivre l'Hérésie en France? Non: mais on dira que ce digne Descendant du grand Henri a soutenu le titre de Pere du Peuple, qu'a porté autrefois ce Héros: on dira que chaque jour de son heureux régne fut marqué par un trait de bienfaisance & d'humanité: on dira qu'il n'y a pas eu un seul de ses sujets qui n'ait ressenti les effets de sa clémence: on dira qu'occupé uniquement du bonheur de son Royaume, il n'a pu voir, sans douleur, l'état déplorable de tant d'infortunés, dont les ancêtres ont donné de si grandes preuves de leur fidélité: on dira qu'après avoir inutilement essayé les voies de rigueur, il a tâché de les attirer dans le sein de l'Eglise par la douceur & la clémence: on dira que non content d'immortaliser son nom par la conservation de son Royaume, il a recherché avant tout la seule gloire digne d'un Monarque, qui consiste à le rendre florissant, à être redoutable à ses ennemis, & à faire goûter à ses sujets les avantages de la paix.

Que l'on vante tant qu'on voudra la valeur invincible de ces conquérans, dont l'univers étonné admire les progrès rapides; & qui, au jugement du sage, méritent tout au plus le nom de soldats heureux. Alexandre a soumis à son Empire la moitié de l'Asie: César a vaincu les Gaules, il a dompté les Germains, & il a donné des fers à sa propre Patrie. Leur gloire est grande, & leur nom sera connu de nos derniers neveux. Mais l'honneur qu'ils se sont aquis vaut-il les justes éloges que Titus s'est attirés: lui, qui ne s'est occupé qu'à veiller à la félicité des citoyens: lui, qui au lieu d'étendre les limites de l'Empire n'a songé qu'au bonheur de ses sujets: lui, qui même en punissant des rebelles n'a pu s'empêcher de répandre des larmes sur leur sort? On sera toujours surpris de la valeur d'Alexandre, on admirera la prudence de César; mais ni l'un ni l'autre ne seront appellés les délices du genre humain, comme Titus, ni regardés comme les meilleurs des Princes, ainsi que Trajan.

Pour les Monarques ainsi que pour le reste des humains, il n'est qu'un chemin pour aller à la vraie gloire: c'est de fournir dignement la carriére, dans laquelle ils ont été placés par la Providence. Destinés à régner sur de vastes Provinces, ils sont jugés par la postérité, non sur l'étendue du Royaume qu'ils ont gouverné; mais sur le bonheur dont ils ont fait jouir les Peuples qui l'habitent: non sur les eloges des flatteurs, dont les trônes sont environnés; mais sur les acclamations de joie d'une Nation, qu'ils ont rendu heureuse.

Ces maximes ont toujours servi de guide au Prince magnanime & bienfaisant, auquel nous avons le bonheur d'être soumis: sa grande ame est faite pour rendre des hommes heureux; & les Protestans de France pourraient-ils encore désespérer de leur sort, tandis que l'intérêt de toute la Nation se joint à la clémence du Prince pour plaider à leur faveur, & pour engager le meilleur des Monarques à finir leur misére ? A peine l'arrêt, qui assûrera leur état, sera prononcé, qu'il retentira par tout l'univers ; & les bouches les plus inconnues & les plus grossiéres le répéteront comme un Cantique de paix.

Pour hâter cet événement si glorieux pour sa Majesté, & si essentiel pour l'avantage du Royaume, je voudrais que ma faible voix pût se faire entendre jusqu'à ceux à qui le Monarque a confié une partie de son autorité, & même jusqu'au pied du trône. Je lui demanderais grace pour les petits-fils de ces Protestans, qui ont versé leur sang en défendant les droits de la maison de Bourbon, au trône de St. Louis, qui ont perdu la vie en combattant pour Henri IV, échappé à peine dans le massacre de la St. Barthélemi, au fer des ennemis des Protestans, quatre fois assassiné au nom du Ciel. (*a*)

(*a*) Après le massacre de la S. Barthelemi se forma cette ligue prétendue sainte, autorisée par le Pape, soutenue par le Clergé, & qui enfanta tant de malheurs & tant de crimes.

Les Jésuites étaient l'ame de la ligue. Quand le Pape Urbain, successeur de Sixte, envoya une armée aux ligueurs ; le Jésuite Nigri y mena les Novices de son ordre pour la renforcer encore. La Sorbonne donna un décret contre Henri IV. Les Prêtres & les moines prirent l'épée, endossérent la cuirasse & jurérent de ne jamais le reconnaître : lors même qu'il fut rentré dans le sein de l'Eglise, son chef coupable persista long-tems à le rejetter : ses indignes Ministres continuérent à le méconnaître. Il fallut un Arrêt du Parlement pour les obliger à prier Dieu pour ce bon Roi : & il sembla que depuis son abjuration tous les ordres de la Hiérarchie Ecclésiastique se disputaient la gloire de fournir, ou de susciter des assassins contre sa Personne.

Le Jésuite, *Jacques Commolet*, prêcha dans St. Barthélemi qu'*il fallait un Aod*, *fût-il Moine*, *fût-il Soldat*, *fût-il Berger*. Le premier qui tenta de le devenir, se vit encouragé par un Curé de

Je peindrais à ce Pere du Peuple, des maux, que jusqu'ici ont été cachés à ses yeux; je le conjurerais de jetter un regard de pitié sur ce nombre considéra-

---

Paris & par un Recteur des Jésuites. Le malheureux *Barrière* subit la peine de son crime; mais le Curé Aubry & le Jésuite *Varade* trouvérent un asyle dans la maison du Légat du Pape, qui les emmena à Rome, & ils ne purent être écartelés qu'en effigie. L'exemple de Barriére ne tarda pas à être suivi par *Châtel*. Ce jeune éléve du Collége des Jésuites, voulut mettre en pratique les leçons qu'il avait reçues, & il blessa Henri IV à la lèvre. Le Pere Guignard fut brûlé avec les horribles écrits qu'il avait composé, & où l'on trouva ces propres mots. *Si on peut guerroyer le Bearnois, qu'on le guerroye; si on ne peut le guerroyer, qu'on l'assassine.* Toute la société coupable de la même doctrine, fut bannie de France par le Parlement, & l'on en dressa même un monument public.

Mais dans ces tems malheureux, le pouvoir du Fanatisme & des Prêtres était plus grand que celui de la raison & des Loix. On fit en France l'Apologie de *Châtel* & de *Guignard*, comme on a fait de nos jours celle de la St. Barthélemi: on condamna à Rome, l'Arrêt qui les avait condamnés, & bientôt d'autres assassins marchérent sur leurs traces. Un Chartreux imbécile se proposa de gagner le Ciel en conspirant contre le Roi, & le bon *Henri* lui fit grace. Un Vicaire de la Paroisse de St. Nicolas des Champs, à Paris, eut le même desir; mais il en reçut le prix de la main du Bourreau. Deux Jacobins de Flandres, dignes Confréres de *Jacques Clément*, vinrent exprès en France pour l'imiter; leur complot fut découvert, & ils l'expiérent à la potence. Un Frere Capucin de Milan, arriva encore à Paris dans le même dessein & fut puni du même supplice. Enfin, *Ravaillac* exécuta ce que tant d'autres avaient entrepris sans succès. Ce monstre, jadis novice chez les Feuillans, dans le tems que ces Moines étaient des ligueurs furieux, avait en sortant du Cloître, emporté l'esprit & la rage qui y régnaient. Dès lors tous les poisons avaient secrétement fermentés dans son ame, perdu de superstitions & de crimes; se confessant & communiant souvent, ce misérable vint d'Angoulême, poignarder le meilleur de nos Rois.

ble de malheureux sujets, dont une partie gémit dans le Royaume sous le joug le plus insupportable, & dont l'autre, errant dans l'exil, brûle de retourner dans sa Patrie, pour lui consacrer son travail & son sang : je ferais l'interprète de plus de cinq cens mille innocens, fruits malheureux des mariages clandestins, dont j'ai parlé, que les Loix subsistantes menacent de priver de tout état, & qui portent le trouble & la confusion dans presque toutes les Provinces du Royaume : tous les tribunaux Français retentissent des réclamations des Protestans : & les Magistrats attendris en faisant exécuter les ordres sévéres, dont ils sont les Ministres, sont dans la dure nécessité, ou de s'écarter de la Loi naturelle, ou de la lettre des Loix positives. Et de quelques maniéres qu'ils se déterminent, leurs Arrêts sont attaqués, & le sort des jugemens est aussi incertain que le jugement même

De-là, je passerais à peindre aux yeux de Sa Majesté, ces campagnes abandonnées & ces landes stériles, qui ne demandent que la main du cultivateur, pour rendre avec usure les biens qui leur seraient confiés. Je ferais une description de ce découragement affreux qui règne parmi cet infortuné Peuple par les vexations qu'on lui fait endurer : la ruine des manufactures, la décadence du commerce, la faiblesse de nos colonies, la retraite des riches, le désespoir des pauvres, la constance de tous à ne fléchir le cœur du Prince que par leur patience & leur attachement : les vœux qu'ils forment jusques dans leurs assemblées de Religion pour la prospérité de son régne, pour la prolongation de ses jours & pour la conservation de la famille Royale ; la nécessité affreuse où on les met, de manquer à la soumission envers leur Souverain, ou à l'obéissance envers l'Être suprême ; & l'impossibilité où ils sont de concilier l'un & l'autre de ces devoirs, sans outrager la Religion, dans laquelle ils ont été élevés, & qu'ils ne croient pouvoir abandonner sans trahir leur conscience.

Quels moyens efficaces pour toucher le cœur d'un Monarque, dont la bonté est le caractére dominant, dont l'humanité est universellement connue, & qui n'a jamais cessé de donner à son Peuple des preuves de sa tendresse paternelle ! Il serait ému de compassion : il détruirait le souvenir des maux passés : il remédierait aux présens : il préviendrait ceux qui pourraient arriver par la suite. Le commerce reprendrait vigueur dans le Royaume ; les richesses y abonderaient ; le nombre des sujets augmenterait de jour en jour ; tous les véritables citoyens y applaudiraient ; les ennemis en frémiraient ; la France continuerait à combler de bénédiction son Monarque bienfaisant ; & nos annales l'annonceraient à la postérité, comme le plus juste, le plus tendre, le plus sage, le plus puissant & le plus grand des Rois.

Je rappellerais à sa Majesté, ces paroles si chéres à tous les bons Français, que prononça dans ses derniers momens le Sage, dont il a reçu le jour. Ce Dauphin, qui termina par un mot si édifiant, une vie consacrée toute entiére à la vertu. *Ne persécutons point & aimons nos sujets fidèles.*

FIN.

www.ingramcontent.com/pod-product-compliance
Lightning Source LLC
LaVergne TN
LVHW020350230826
846091LV00003B/1051

* 9 7 8 2 0 1 6 1 4 5 3 2 6 *